高等职业教育汽车类专业校企合作"互联网+"创新型教材

汽车维修常用工具及设备使用

第2版

主　编　王怀建
副主编　吴小俊
参　编　秦传江　黄晓英　刘明君　陈　磊

机械工业出版社

本书是基于我国大力发展职业教育，以国家示范性高等职业院校建设、加快高等职业教育改革与发展为背景，在重庆工业职业技术学院全面实施示范建设的过程中，通过课程体系与教学内容改革，根据汽车维修行业高素质技能型人才培养的需要，以能力标准为基础编写的系列教材之一。

本书借鉴了国际职业教育先进理念，突出"做中学、学中做"的原则，把行业能力标准作为专业课程教学目标和鉴定标准，按照能力标准组织教学内容，着重介绍汽车常用测量工具、维修工具、维修设备以及车间装备和举升设备的使用等内容。读者可以根据教材中的工作任务正确选用维修工具和设备，实施测量、举升、搬运和拆卸等操作，并能对各类常用仪器、工具、设备进行正确使用和维护。

本书编写新颖，内容翔实，重在实践能力的培养，可以用作职业院校汽车检测与维修及相关专业教材，也可作为汽车服务人员及企业员工培训用书。

为了便于读者自主学习、提高学习效率，本书配备了二维码视频资源，可通过手机扫码观看。

本书还配有电子课件、试卷及答案等，凡使用本书作为教材的教师可登录机械工业出版社教育服务网 www.cmpedu.com 注册后免费下载。咨询电话：010 – 88379375。

图书在版编目（CIP）数据

汽车维修常用工具及设备使用/王怀建主编. —2 版. —北京：机械工业出版社，2020.7（2023.6 重印）
高等职业教育汽车类专业校企合作"互联网＋"创新型教材
ISBN 978-7-111-66181-8

Ⅰ. ①汽… Ⅱ. ①王… Ⅲ. ①汽车-车辆维修设备-高等职业教育-教材 Ⅳ. ①U472.46

中国版本图书馆 CIP 数据核字（2020）第 132573 号

机械工业出版社（北京市百万庄大街 22 号　邮政编码 100037）
策划编辑：葛晓慧　责任编辑：葛晓慧
责任校对：张　力　封面设计：严娅萍
责任印制：常天培
北京机工印刷厂有限公司印刷
2023 年 6 月第 2 版第 6 次印刷
184mm×260mm · 9 印张 · 199 千字
标准书号：ISBN 978-7-111-66181-8
定价：32.00 元

电话服务　　　　　　　　网络服务
客服电话：010-88361066　　机　工　官　网：www.cmpbook.com
　　　　　010-88379833　　机　工　官　博：weibo.com/cmp1952
　　　　　010-68326294　　金　书　网：www.golden-book.com
封底无防伪标均为盗版　机工教育服务网：www.cmpedu.com

前言
FOREWORD

  汽车检测与维修专业系列教材是重庆工业职业技术学院国家示范性高等职业院校建设项目的主要成果。在"校企合作、工学结合"理念的指导下，汽车专业教学团队创新"能力标准、课程体系、职业证书"三位一体的汽车维修高技能人才培养模式，并以此为切入点，带动课程体系与教学内容改革，在重庆市汽车行业协调委员会的指导下，积极与行业企业合作，开发出《汽车维修技术人员培训能力标准》，并以此为依据，编写汽车检测与维修系列教材。

  本书落实立德树人根本任务，以培养学生的工匠精神为主线，在各个项目中加入了安全生产、环保理念、精益求精、爱岗敬业等内容，使学生树立劳动光荣、技能宝贵、团结合作等意识。

  本书根据《汽车维修技术人员培训能力标准》的核心能力标准《QTPBC014 使用和维护基本的测量仪器》《QTPBC015 使用和维护测量工具》和《QTPBC016 使用和维护工具设备》，并结合《汽车修理工国家职业标准》等编写。

  本书借鉴了国际职业教育先进理念，按照岗位能力要求组织教学内容，针对高职学生学习特点设计教学活动，以模拟或真实的工作场所为教学环境开展教学活动，使学生通过项目任务掌握理论知识与实践技能，通过多种教学活动来培养学生分析和解决问题的能力，任务的设计也兼顾了学生职业素养的形成，本书的鉴定计划和鉴定工具有利于学生自我鉴定和教师进行鉴定并收集证据，教学评估工具有利于教师对教学计划和教学方法的调整。

  本书分为三个项目，主要讲授了在汽车维修中常用的测量工具、维修工具、维修设备以及车间装备和举升设备的使用等内容。读者可以根据教材中的工作任务正确选用维修工具和设备，实施测量、举升、搬运和拆卸等操作，并能对各类常用仪器、工具、设备进行正确使用和维护。

  本书的建议学时数为72学时。

  本书项目1由王怀建、吴小俊编写，项目2由秦传江、王怀建、黄晓英编写，项目3由王怀建、刘明君、吴小俊、陈磊编写。本书由王怀建担任主编。书中配备了二维码视频资源，由重庆工业职业技术学院王亮亮制作。

  本书在编写过程中参考了汽车专业书籍，并借鉴了行业维修手册和培训教材，谨在此向其作者及资料提供者表示感谢，同时也感谢重庆市汽车行业技术专家的大力支持。

  由于编者水平有限，书中不妥之处，恳请读者和专家批评指正。

编 者

目 录
CONTENTS

前言

绪论 ·· 1

项目1　汽车常用量具的使用 ··· 5
　任务1　简单测量工具的使用 ··· 6
　任务2　游标卡尺的使用 ··· 16
　任务3　千分尺的使用 ··· 26
　任务4　百分表与千分表的使用 ··· 32
　任务5　汽车常用电工测量工具的使用 ··· 38

项目2　汽车常用工具的使用 ··· 52
　任务1　扭转旋具类工具的使用 ··· 53
　任务2　钳子和夹紧类工具的使用 ··· 67
　任务3　錾削、击打、切割类工具的使用 ··· 72
　任务4　锯削和锉削类工具的使用 ··· 76
　任务5　钻削和铰削类工具的使用 ··· 81
　任务6　攻螺纹与套螺纹类工具的使用 ··· 86
　任务7　磨削和推拉类工具的使用 ··· 90
　任务8　电动工具与气动工具的选择和使用 ··· 96

项目3　车间装备和举升设备的使用 ··· 109
　任务1　车间装备的使用 ··· 110
　任务2　使用举升机举升车辆 ··· 116
　任务3　使用千斤顶举升车辆 ··· 121
　任务4　使用安全支撑支持车辆 ··· 126
　任务5　举升吊具及吊索的使用 ··· 129

附录　课程学习评估单 ··· 136

参考文献 ·· 140

绪 论

1. 学习目标

本教材是根据课程指导性文件《汽车维修技术人员培训能力标准》中的能力标准《QTPBC014 使用和维护基本的测量仪器》《QTPBC015 使用与维护测量工具》《QTPBC016 使用和维护工具设备》,围绕汽车常用维修工具与设备的使用进行编写,通过学习,力求帮助学习者具有安全而正确地使用汽车维修工具和设备的能力。

2. 学习前学习者应具备的能力

在开始学习这个科目之前,学生必须完成职场健康与安全知识的学习。

3. 科目学习方法

(1) 项目学习内容和学习方法建议 见表0-1。

表0-1 项目学习内容和学习方法建议

项目名称	学习内容	学习方法建议					
		讲授式	互动式	小组讨论	提问式	技能展示	实作
项目1 汽车常用量具的使用	任务1 简单测量工具的使用	✓	✓	✓	✓	✓	✓
	任务2 游标卡尺的使用	✓	✓	✓	✓	✓	✓
	任务3 千分尺的使用	✓	✓	✓	✓	✓	✓
	任务4 百分表与千分表的使用	✓	✓	✓	✓	✓	✓
	任务5 汽车常用电工测量工具的使用	✓	✓	✓	✓	✓	✓
项目2 汽车常用工具的使用	任务1 扭转旋具类工具的使用	✓	✓	✓	✓	✓	✓
	任务2 钳子和夹紧类工具的使用	✓	✓	✓	✓	✓	✓
	任务3 錾削、击打、切割类工具的使用	✓	✓	✓	✓	✓	✓
	任务4 锯削和锉削类工具的使用	✓	✓	✓	✓	✓	✓
	任务5 钻削和铰削类工具的使用	✓	✓	✓	✓	✓	✓
	任务6 攻螺纹与套螺纹类工具的使用	✓	✓	✓	✓	✓	✓
	任务7 磨削和推拉类工具的使用	✓	✓	✓	✓	✓	✓
	任务8 电动工具与气动工具的选择和使用	✓	✓	✓	✓	✓	✓

（续）

项目名称	学习内容	学习方法建议					
		讲授式	互动式	小组讨论	提问式	技能展示	实作
项目3 车间装备和举升设备使用	任务1 车间装备的使用	✓	✓	✓	✓	✓	✓
	任务2 使用举升机举升车辆	✓	✓	✓	✓	✓	✓
	任务3 使用千斤顶举升车辆	✓	✓	✓	✓	✓	✓
	任务4 使用安全支撑支持车辆	✓	✓	✓	✓	✓	✓
	任务5 举升吊具及吊索的使用	✓	✓	✓	✓	✓	✓

（2）学习步骤 学生可以按照本教材在课堂学习（包括实习场地），也可以根据自己具备的基本能力，按照教材自己制订学习计划学习，其学习步骤如下：

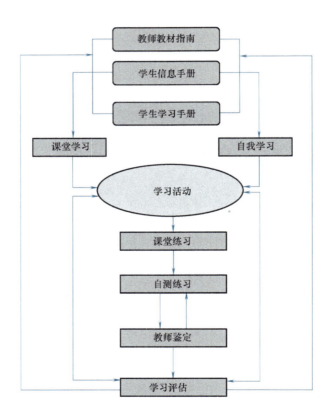

第一步：打开学习用书，学习理论知识。

1）教材指导（图标提示）应该做什么。

2）教材中的问题考察学会的知识点。

3）请教师鉴定学习成果。

第二步：完成理论知识学习后，进行操作技能学习。
1）找到工作需要的工具和设备。
2）完成教材中的实作任务。
3）让教师鉴定已学到的技能，这包含所有文档中的任务。

在有下列困难时，教师可帮助继续学习。
1）理论知识。
2）查找资料信息。
3）理解和完成实作任务。
4）学习中的其他问题。

(3) 图标介绍　在学习中，教师和学习者根据书中图标提示的学习步骤及要求进行教学和学习，图标的含义见表0-2。

表0-2　图标介绍

图　　标	图标含义
	学习目标
	学习信息资源
	学习场所和设备
	安全警告、注意事项
	问题
	工作任务页
	学习鉴定
	学习评估

4. 科目学习鉴定指南

（1）鉴定标准　按照《汽车维修技术人员培训能力标准》中的能力标准《QTPBC014 使用和维护基本的测量仪器》《QTPBC015 使用与维护测量工具》《QTPBC016 使用和维护工具设备》规定的能力进行鉴定。

（2）鉴定关键证据　考察学习者在变化的工作情况下，采用应对措施的能力。

1）遵守安全操作规范。

2）有效与相关工作人员和客户交流。

3）选择适合工作情况的检测维修工具，要求操作正确。

4）在规定时间内，完成工作任务。

（3）鉴定范围

1）基础知识和技能可以在岗或离岗进行鉴定。

2）实操技能的鉴定应当在取得一定经验后进行，若不能提供真实鉴定，可以在模拟的工作场所进行。

3）所有工作任务应在没有教师指导下独立完成。

（4）鉴定方法　鉴定必须符合维修技术标准和安全操作规范，必须确认基础知识与技能的一致性和准确性。

本科目的鉴定方法主要包括工作场所观察、模拟、口头提问、书面提问、技能展示、案例分析、证据素材收集。

5. 教学评估方法

（1）教学评估目的　教师、学生、教育管理部门是对学生学习需求与效果的及时反馈，是对课程教学活动设计和实施过程的质量监控，是对学生学习参与程度的及时检查。

（2）教学评估的标准　按照《汽车维修技术人员培训能力标准》中的能力标准《QTPBC014 使用和维护基本的测量仪器》《QTPBC015 使用与维护测量工具》《QTPBC016 使用和维护工具设备》进行学习效果和学习需求评估。

（3）教学评估计划

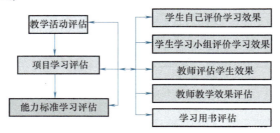

（4）教学评估工具　本书附有学生评估工具，教师和学生可以使用这些评估工具从学习用书、教学方法、学习方法、工作任务页的鉴定等四个方面开展教学评估。教师也可以根据教学中的具体情况，自己设计评估问卷，进行教学评估，监控教学质量。

项目 1

汽车常用量具的使用

项目学习目标

学完本项目后，应能做到：
1) 正确识别各种测量工具并能说出其用途。
2) 能正确使用、保养各种测量工具。
3) 能正确地对测量工具进行读数。
4) 当使用和保存测量工具时能说出和做到必需的防护措施。
5) 操作过程中保证测量精度，树立精益求精的质量意识。
6) 养成严谨细致、一丝不苟的工作态度，树立文化自信。

学习信息资源

1) 有关工作场所健康与安全的法律、法规。
2) 汽车维修设备的使用说明书和安全操作规定。
3) 介绍各种测量方法的文字资料、书籍。
4) 介绍各种工具知识的网站。

学习场所和设备

1) 安全的工作车间或模拟车间。
2) 个人防护用品、用具。
3) 各种测量工具：如钢直尺、钢卷尺、塞尺、卡钳、直角尺、游标卡尺、千分尺、百分表、千分表、指针式万用表和数字万用表等。
4) 一些需测量的汽车零部件、电器、电子元件等。

项目学习任务

为了能对常用测量工具进行正确使用，本项目安排的学习任务如下：
任务1　简单测量工具的使用
任务2　游标卡尺的使用
任务3　千分尺的使用
任务4　百分表与千分表的使用
任务5　汽车常用电工测量工具的使用

任务1　简单测量工具的使用

学习目标

学完本任务后，应能做到：

1）正确识别、选用各种简单测量工具，能对每种测量工具说出其用途。
2）当使用和保存测量工具时能说出和做到必需的防护措施。
3）能正确使用各种测量工具，能正确读数。

学习信息

在使用工具测量尺寸时，一般有两种测量系统，一种是英制系统，标准长度单位有in（它是基本单位）、ft（1ft=12in）、yd（1yd=3ft）、mile（1mile=1760yd）等；另一种测量系统为米制系统，标准长度单位有mm、cm、m（它是基本单位）、km等。在实际工业生产中，经常需要在两种测量系统间转换，如1in=25.4mm。

下面具体介绍各种简单测量工具的使用方法。

一、钢直尺

钢直尺是最基本的测量工具，它一般用于精度要求不高的测量。一般使用的钢直尺的长度为150～300mm，最长为2m。钢直尺的最小刻度分为1.0mm或0.5mm两种，如图1-1所示。

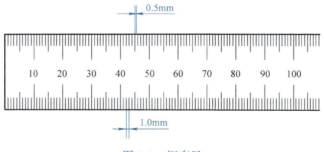

图1-1　钢直尺

注　意

在所有的测量工具中，钢直尺的精确度最差。

1. 钢直尺的使用方法

1）使用钢直尺时，要以端边的"0"刻线作为测量基准，这样在测量时不仅容易找到测量基准，而且便于读数和记数。

2）测量中，钢直尺要放平、放正，刻度面朝上、朝外，不得前后、左右歪斜，否则，从尺上读得的读数比被测的实际尺寸大，如图1-2a所示。

3）被测的平面要平，否则测出的读数也不是被测件的实际尺寸。

4）用钢直尺测量圆柱形的截面直径时，钢直尺的端边要与被测面的边缘相切，然后左右摆动钢直尺找出最大尺寸，即为所测圆柱形直径，如图1-2b所示。

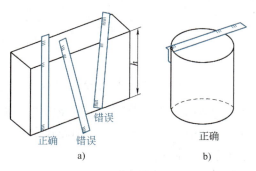

图1-2 钢直尺的使用

5）测量螺母以及直边的部件时，使用钢直尺的效果较好，如图1-3所示。

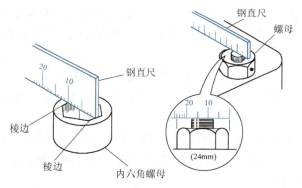

图1-3 用钢直尺测量内六角螺母和外六角螺母

2. 注意事项及保养

1）使用钢直尺前应先检查钢直尺，不允许有影响使用性能的外观缺陷，例如碰弯、划痕、刻度断线或看不清刻度线等缺陷。

2）有悬挂孔的钢直尺，使用后必须用干净棉丝擦干净，然后悬挂起来，使其自然下垂。如果没有悬挂孔，则将钢直尺擦净后平放在平板、平台或平尺上，防止其受压变形。

3）如果较长时间不使用，应在钢直尺上涂上防腐蚀油脂。

4）如果钢直尺受压变形，或其他原因使之变形，在使用时应该检查它的端边与侧边的垂直度、刻度面的平面度，经检查合格后方能使用。

二、钢卷尺

一般来讲，钢卷尺的刻度单位与钢直尺的刻度单位相同。

钢卷尺按其结构的不同可分为自卷式钢卷尺和制动式钢卷尺，其结构如图1-4

所示。

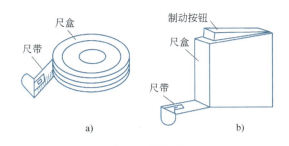

图 1-4 钢卷尺
a）自卷式钢卷尺　b）制动式钢卷尺

钢卷尺是由一条薄的富有弹性的金属带制成，其整条金属带上刻有长度标记，其总长度有 3m、5m、10m、15m、20m、30m 等类型。钢卷尺是建筑业最常用的测量工具，在制造业也很常用，但不用于精密测量。

钢卷尺通常用来测量长度超过 1m 的部件。

在使用和保养钢卷尺时应注意以下几点：

1）使用前首先要检查钢卷尺的各个部位。对自卷式和制动式钢卷尺来说，拉出和收卷尺带时，应轻便、灵活，无卡住现象；制动式钢卷尺的按钮装置应能有效地控制尺带收卷，不得有阻滞失灵现象；尺带表面不得有锈迹和明显的斑点、划痕，线纹应清晰。

2）使用钢卷尺应以"0"点端为测量基准，这样便于读数。在生产中经常看到有人使用截断了一节的钢卷尺测量物品尺寸，这样用法虽然允许，但是要特别注意其起始端刻度的数字，不然在读数时会读错。

3）使用钢卷尺测量时，不得前后、左右歪斜，而且要拉紧尺带。

4）钢卷尺的尺带一般镀铬、镍或其他涂料，所以要保持清洁，测量时不要使其与被测表面摩擦，以防划伤。

5）使用自卷式或制动式钢卷尺时，拉出尺带不得用力过猛，而应徐徐拉出，用毕也应让它徐徐退回。对于制动式卷尺，应先按下制动按钮，然后徐徐拉出尺带；用毕后按下制动按钮，尺带自动收卷。尺带自动收卷时，应防止尺带伤人。

6）尺带只能卷，不能折，不允许将卷尺放在潮湿和有酸类气体的地方，以防锈蚀。

三、直角尺

直角尺是一种角度测量工具，其结构如图 1-5 所示。

1. 直角尺的主要用途

1）用于划垂直于工件棱边的直线。

2）用于检查零件的两个平面是垂直，包括内直角和外直角，如图 1-6 所示。

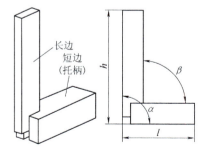

图 1-5 直角尺
α—外直角　β—内直角

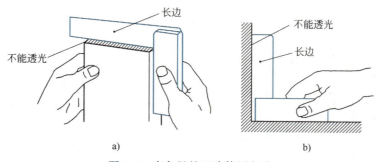

图 1-6 直角尺的正确使用方法

a）检查外直角方法　b）检查内直角方法

2. 正确使用直角尺的方法

直角尺的正确使用方法如图 1-6 所示。检查时，直角尺托柄的内侧要紧紧地贴着精加工过的表面，让长边稍微离开工件一点；手持工件对准亮处，然后把直角尺的长边降下来接触到被检查的表面，如图 1-6a 所示；如果两个表面是垂直的，则长边和被检查的表面之间不能透光。

检查内直角时，采用的方法与检查外直角的方法相似，如图 1-6b 所示。

3. 使用注意事项和保养

1）使用直角尺时要轻拿轻放。

2）在搬运过程中，不允许提着直角尺的长边或者短边，而应该是一只手托住短边，一只手扶长边。

3）用完直角尺之后应擦拭干净，放在盒子内保存。

四、塞尺

塞尺是由一组淬硬的钢片组成的。这些淬硬钢片被研磨或滚压成精确的厚度，它们通常都是成套供应。

每条钢片上标出了厚度，单位为毫米（mm），它们可以单独使用，也可以将两片或多片合在一起使用，以便获得所要求的厚度。常用塞尺长度有 50mm、100mm、200mm 三种。

1. 塞尺的主要用途

塞尺主要用于测量零件结合面之间的间隙大小，其结构如图 1-7 所示。

2. 塞尺的正确使用方法

1）使用塞尺测量时，根据间隙的大小，可用一片或数片重叠在一起插入间隙内，插入深度应在 20mm 左右。

例如，用 0.20mm 的塞尺片刚好能插入两工件的缝隙中，而 0.30mm 的塞尺片不能插进，说明两工件的结合间隙为 0.20mm。

2）当塞尺与直角尺配合使用时，可用来检查零件表面的平直度，如气缸盖平直度的检测方法如图 1-8 所示。

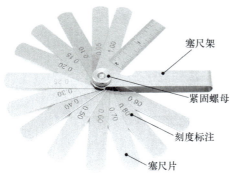

图 1-7　塞尺

图 1-8　用直角尺和塞尺来检查气缸盖的平直度

3. 注意事项及保养

1）由于塞尺很薄，容易弯曲或折断，测量时不能用力太大。

2）测量时应在结合面的全长上多处检查，取最大值，即为两结合面的最大间隙量。

3）塞尺钢片上不得有污垢、锈蚀及杂物。

4）塞尺用完后要擦拭干净，并将钢片及时合到夹板中去，以免损伤各金属薄片。

五、卡钳

卡钳按其功能的不同可分为外卡钳和内卡钳两种，顾名思义，内卡钳用来测量内径，外卡钳用来测量外径。

卡钳根据结构的不同也可分为普通式卡钳、弹簧式卡钳和带表式卡钳，其中弹簧式卡钳包括弹簧式外卡钳和弹簧式内卡钳两种，带表式卡钳包括带表内卡钳和带表外卡钳，如图 1-9 所示。

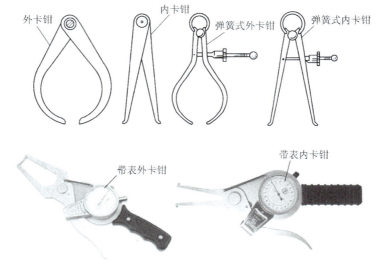

图 1-9　卡钳种类

1. 卡钳的主要用途

1）测量圆形部件的内径和外径。

2）卡钳为间接式测量工具，在测量工作中，凡不宜用游标卡尺、钢直尺和钢卷尺的地方，或者用这些量具测量不方便的地方，均可用卡钳测量。

2. 内卡钳的使用方法

使用内卡钳测量孔的内径时，用右手的拇指和食指轻轻地捏住内卡钳轴销两头，将卡钳的两个量爪送入孔内，然后使一个量爪的爪尖与孔壁接触，另一个量爪在径向平面内左右轻轻摆动，并调整量爪，一直找到最大值为止，如图1-10所示。

3. 外卡钳的使用方法

使用外卡钳测量轴的外径时，用右手的中指从卡钳的两个量爪之间挑起卡钳，拇指与食指撑住卡钳的轴销两头，使卡钳两量爪在自身的重量作用下滑过被测表面，如图1-11所示。

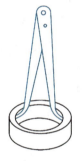
图1-10　用内卡钳测内径

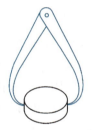
图1-11　用外卡钳测外径

在测量中，卡钳量爪爪尖与被测表面的接触情况是凭手的感觉来判断的，只要手有轻微的感觉即可，不宜过松，也不要用力使劲捏卡钳。

内卡钳和外卡钳的读数方法如图1-12所示。

4. 弹簧式外卡钳的使用方法

（1）使用弹簧式外卡钳测量轴径　如图1-13所示，调节弹簧式外卡钳上的螺母，使卡钳量爪轻轻接触轴表面，卡钳在轴上滑动时的阻力应很小，避免卡钳量爪发生弹性变形，使读数不准。

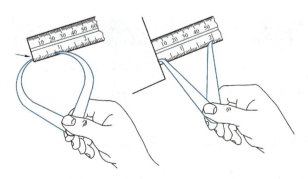
图1-12　内卡钳和外卡钳的读数

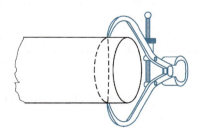
图1-13　使用弹簧式外卡钳检测轴径

当把弹簧式外卡钳调节到轴的尺寸时，可用钢直尺测量轴的直径，如图 1-14 所示，卡钳的一个量爪贴着钢直尺的一端，另外一个量爪所在的刻度就是轴的直径。

（2）使用弹簧式外卡钳比较两零件大小　先将卡钳调至其中一根轴的直径，然后用它检查另外一根轴，如果两轴直径一样大，那么两者对卡钳的阻力相同。

5. 弹簧式内卡钳的使用方法

弹簧式内卡钳用来测量孔的直径和其他尺寸，其测量方法如图 1-15 所示。

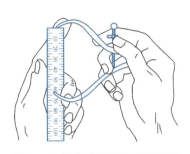

图 1-14　用钢直尺测量已调定的弹簧式外卡钳尺寸

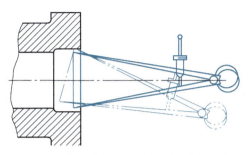

图 1-15　使用弹簧式内卡钳测量孔的直径

弹簧式内卡钳应以一定角度放入一个孔中，如图 1-15 中的双点画线所示，然后慢慢将它放平，调节螺母，直到它以很小的阻力进入孔中为止。

如图 1-16 所示，孔径尺寸可从钢直尺上读出。

6. 使用注意事项及保养

1）不要把卡钳放在振动的机床上，以防摔坏。

2）卡钳用完后应擦拭干净，将两个量爪合拢存放，不得将卡钳与其他工具堆放在一起，以防把它压弯。

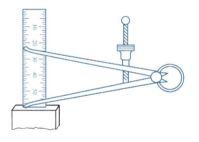

图 1-16　用钢直尺测量已调定的弹簧式内卡钳尺寸

3）卡钳使用一段时间后，两个量爪测量部位会磨损变钝，这时应修磨，使之成为圆弧形，然后淬火，使之变硬，变得更耐磨。

完成学习工作页

学习工作页 1　钢直尺与钢卷尺的使用					
学生姓名		班级		学号	
日期		开始时间		结束时间	

1. 任务

给一把钢直尺和钢卷尺及各种待测物件，测量并记下物件尺寸。

2. 目的

学会在实际生产中测量各种零件尺寸和距离的方法。

3. 准备工作

1) 量程在 0~150mm 的钢直尺和 0~3 m 的钢卷尺各一个。

2) 待测的各种物品（如铁块、圆柱、螺母、书、钢丝等）。

4. 要求

指导教师将：

1) 检查学生的记录情况。

2) 检查学生的测量过程、测量方法是否正确。

3) 让学生测量给定的工件，测量结果必须在教师测量值的 1mm 误差范围内。

4) 询问学生如何保养钢直尺和钢卷尺。

5. 学生测量记录

(1) 用钢直尺测定规定部位的零件尺寸为：

尺寸1：_____ 尺寸2：_____

尺寸3：_____ 尺寸4：_____

(2) 用钢卷尺测定的零件尺寸为：

尺寸1：_____ 尺寸2：_____

尺寸3：_____ 尺寸4：_____

(3) 如果有一个断了一节的钢卷尺，在测量时应如何读数？

_____

_____

指导教师评语

_____

_____

_____

教师签字：_____   日期：_____

学习工作页2　直角尺的使用					
学生姓名		班级		学号	
日期		开始时间		结束时间	

1. 任务

给一把直角尺和待测方形物件，测量物件表面的垂直度。

2. 目的

学会在实际生产中测量各零件表面之间的垂直度。

3. 准备工作

1) 一把直角尺。

2) 待测的物品，如铁块、砖等。

4. 要求

指导教师将：

1）检查学生的记录情况。

2）检查学生的测量过程、测量方法是否正确。

3）让学生测量给定的工件，测量结果必须与教师测量结果一致。

4）询问学生如何保养直角尺。

5．学生测量记录

(1) 检查下列物品的垂直度情况：

铁块1：_____

铁块2：_____

砖：_____

(2) 如何保养直角尺？

指导教师评语

教师签字：_____   日期：_____

学习工作页3　塞尺的使用					
学生姓名		班级		学号	
日期		开始时间		结束时间	

1．任务

给一把塞尺、直角尺和一个气缸盖、一个普通锥齿轮式差速器等待测物品。

1）测量并记下锥齿轮和差速器壳之间的间隙。

2）测量气缸盖表面的平直度。

2．目的

学会在实际生产中测量各零件表面之间间隙的方法。

3．准备工作

1）一把塞尺和直角尺。

2）气缸盖、普通锥齿轮式差速器。

4．要求

指导教师将：

1）检查学生的记录情况。

2）检查学生的测量过程、测量方法是否正确。

3）让学生测量给定的工件，测量结果必须与教师测量值一致。
4）询问学生如何保养塞尺。

5．学生测量记录

（1）四个锥齿轮和差速器壳之间的间隙尺寸分别为：

间隙尺寸1：_____

间隙尺寸2：_____

间隙尺寸3：_____

间隙尺寸4：_____

（2）气缸盖表面的平直度情况为：

（3）塞尺应如何保养？

指导教师评语

教师签字：_____   日期：_____

学习工作页4　卡钳的使用				
学生姓名		班级		学号
日期		开始时间		结束时间

1．任务

给学生外卡钳、内卡钳、弹簧式外卡钳、弹簧式内卡钳各一个以及各种待测零件，测量并记下它们的外径和内径。

2．目的

学会在不宜或不方便使用游标卡尺、钢直尺和钢卷尺的地方，采用卡钳测出圆形工件的内径、外径。

3．准备工作

1）外卡钳、内卡钳、弹簧式外卡钳、弹簧式内卡钳、钢直尺各一个。

2）各种有孔的圆形工件。

4．要求

指导教师将：

1）检查学生的记录情况。

2）检查学生的测量过程、测量方法是否正确。

3）让学生测量给定的工件，测量结果必须在教师测量值的1mm误差范围内。

4）询问学生如何保养卡钳。

5．学生测量记录

(1) 说出四种卡钳的名称：

_____、_____、_____、_____

(2) 教师指定零件的测量结果分别是什么？

零件1：_____

零件2：_____

零件3：_____

零件4：_____

(3) 如何保养卡钳？

_____

_____

指导教师评语

_____

_____

_____

教师签字：_____　　　　　　　　　　　　日期：_____

任务2　游标卡尺的使用

学习目标

学完本任务后，应能做到：

1）正确识别、选用游标卡尺。

2）能说出普通游标卡尺、带表游标卡尺、数显游标卡尺的用途。

3）当使用和保存普通游标卡尺、带表游标卡尺、数显游标卡尺时能说出和做到必需的防护措施。

4）能正确使用普通游标卡尺、带表游标卡尺、数显游标卡尺，能正确读数。

学习信息

游标卡尺按其结构的不同，可分为普通游标卡尺、带表游标卡尺和数显游标卡尺等，目前使用最多的还是普通游标卡尺。

一、普通游标卡尺

(一) 普通游标卡尺简介

普通游标卡尺简称为游标卡尺或卡尺，其测量范围一般是0～250mm。

1. 游标卡尺的主要用途

1）测量各种外径、内径、外部尺寸、孔径等。

2）测量各种深度尺寸，其结构如图1-17所示。

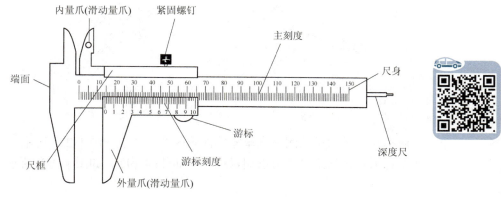

图1-17 游标卡尺

游标卡尺是一种精密测量工具，它由一个带刻度杆的固定量爪和一个滑动量爪（包括外量爪和内量爪）组成。尺身上刻有主刻度尺，而滑动量爪上有游标刻度尺。

2. 游标卡尺的种类

游标卡尺可分为10分度游标卡尺、20分度游标卡尺和50分度游标卡尺三种，它们对应的分度值分别是0.1mm、0.05mm和0.02mm。它们的区别是：

1）10分度游标卡尺的游标上有10个刻度，分度值为0.1mm，如图1-18所示。

2）20分度游标卡尺的游标上有20个刻度，分度值为0.05mm，如图1-19所示。

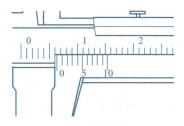

图1-18 10分度游标卡尺

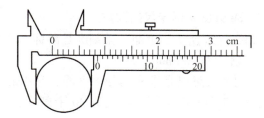

图1-19 20分度游标卡尺

3）50分度游标卡尺的游标上有50个刻度，分度值为0.02mm，如图1-17所示。

（二）游标卡尺的使用方法

使用游标卡尺时，把要测量的物件放在两个量爪之间，轻轻移动滑动量爪，直到两个爪子都接触到被测物件为止，拧紧紧固螺钉，这时可从刻度尺上直接读出测量值，如图1-20所示，是使用游标卡尺测量气门弹簧长度的例子。

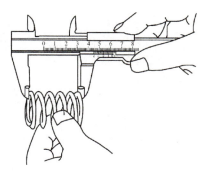

图1-20 使用游标卡尺测量气门弹簧长度

1）用游标卡尺的外量爪测量汽车零部件的外部

尺寸，如图1-21所示。

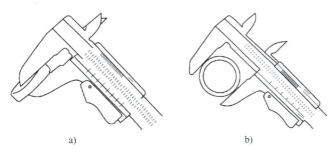

图1-21 用游标卡尺外量爪测外部尺寸

2）用游标卡尺的内量爪测量汽车零部件的内部尺寸，如图1-22a所示。

3）用游标卡尺的深度尺还可以测量汽车零部件的深度，如图1-22b所示。

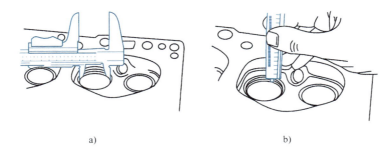

图1-22 用游标卡尺内量爪测内部尺寸及深度

（三）游标卡尺的读数

1. 20分度游标卡尺的读数

如图1-23所示，上面一排刻度是游标卡尺的主刻度尺，下面一排刻度是游标刻度尺，分度值为0.05mm。

主刻度尺是以毫米来划分刻度的，每1cm分为10个刻度，在厘米刻度上标有数字1、2、3等。游标刻度尺上有20个刻度，每4个刻度标有数字2、4、6等。

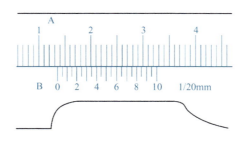

图1-23 20分度游标卡尺的读数
A—主刻度尺，每个刻度为1mm
B—游标刻度尺，分度值为0.05mm

第一步：读出游标零线左边与主刻度尺身相邻的第一条刻线的整毫米数为测得尺寸的整数值，如图 1-23 所示为 13.00mm。

第二步：读出游标上与主刻度刻线对齐的那一条刻线所表示的数值，即为测量值的小数，如图 1-23 所示为 0.45mm。

第三步：把从尺身上读得的整毫米数和从游标上读得的毫米小数加起来即为测得的实际尺寸。

主刻度尺刻度：13.00mm

游标尺刻度：$\dfrac{+0.45\text{mm}}{13.45\text{mm}}$

2. 50 分度游标卡尺的读数

读数图如图 1-24 所示，其读数步骤同上。

主刻度尺刻度：43.00mm

游标尺刻度：$\dfrac{+0.24\text{mm}}{43.24\text{mm}}$

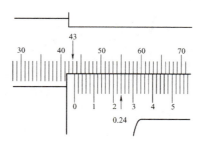

图 1-24　50 分度游标卡尺的读数

3. 10 分度游标卡尺的读数

读数如图 1-25 所示，其读数步骤同上。

主刻度尺刻度：11.0mm

游标尺刻度：$\dfrac{+0.4\text{mm}}{11.4\text{mm}}$

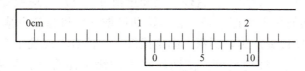

图 1-25　10 分度游标卡尺的读数

（四）使用注意事项及保养

游标卡尺是一种精密的测量工具，要获得很好的精度应小心使用和保存。

1）测量前，应将游标卡尺清理干净，并将两量爪合并，检查游标卡尺的精度情况，在使用之后应清除灰尘和杂物。

2）测量时，工件与游标卡尺要对正，测量位置要准确，两量爪要与被测工件表面贴合，不能歪斜，并掌握好两量爪与工件接触面的松紧程度，不能过紧，也不能过松。

3）读数时，要正对游标刻度线，看准对齐的刻度线，目光不能斜视，以减少读数误差。

4）游标卡尺用完后，一定要把它放回盒子里和放在不受冲击以及不易掉下的地方。

5）如果游标卡尺已受潮，在使用后可涂少量的润滑油在上面。

6）不允许把游标卡尺放在温度高的地方，这可能影响它的精度。

7）不允许敲击和撞击游标卡尺。

8）不允许把游标卡尺作为钳子使用。

二、带表游标卡尺

1. 带表游标卡尺的结构

带表游标卡尺简称带表卡尺，也是一种长度测量工具，它的外形与游标卡尺相似，由主尺和表盘组成。它是运用齿条传动齿轮带动指针显示数值，但比游标卡尺读数更为快捷准确，其结构如图 1-26 所示。

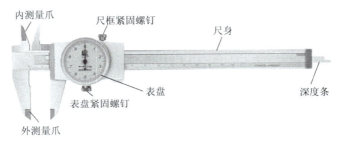

图 1-26　带表卡尺的结构

常见米制带表卡尺分度值有 0.01mm、0.02mm、0.05mm 三种。表的指针旋转一周所指示的长度，对分度值 0.01mm 的为 1mm，对分度值 0.02mm 的为 2mm，对分度值为 0.05mm 的为 5mm。

2. 带表卡尺的使用方法

带表卡尺使用方法是否正确，直接影响测量精度，使用时应遵守下列要求：

1）使用前应将游标卡尺擦干净，然后拉动尺框，沿尺身滑动应灵活、平稳，不得时紧时松或存在卡住现象。用紧固螺钉固定尺框后，读数不应发生变化。

2）检查零位。轻轻推动尺框，使两测量爪的测量面合拢，检查两测量面接触情况，不得有明显漏光现象，并且表盘指针指向"0"，同时，检查尺身与尺框是否在零刻度线对齐。

3）测量时，用手慢慢推动和拉动尺框，使量爪与被测零件表面轻轻接触，然后轻轻晃动带表卡尺，使其接触良好。使用带表卡尺时因没有测力机构，全凭操作者手感掌握，不得用力过大，以免影响测量精度。

4）测量外形尺寸时，应先将带表卡尺活动量爪张开，使工件能自由地放入两量爪之间，然后将固定量爪贴靠在工作表面上，用手移动尺框，使活动量爪紧密贴在工件表面上。

1) 测量时工件两端面与量爪不得倾斜。
2) 测量时,不得因量爪间的距离小于工件尺寸,而强制将量爪卡到零件上。

5) 测量内径尺寸时,应将两刀口内量爪分开且距离小于被测尺寸,放入被测孔内后再移动尺框内量爪使其在工件内表面紧密接触,即可以在卡尺上进行读数。

带表卡尺测量爪应测在工件两端孔的直径位置处,且不得歪斜。

6) 带表卡尺量爪测量面有多种形状。测量时,应根据被测零件的形状正确选用。如测量长度和外形尺寸,则应选用外量爪测量;如测内径,应选用内量爪测量;如测深度,则应选用深度卡尺来测量。

7) 读数时,带表卡尺应水平拿着,使视线正对刻度线表面,然后按读数方法仔细辨认指示位置,以便读出,以免因视线不正,造成读数误差。

3. 带表卡尺的读数

图 1-27 所示的带表卡尺指针表盘一格为 0.02mm,主尺上 1 格为 1mm。

图 1-27　带表卡尺的读数

读数时,先读主尺上面的值,再读表盘上面的值,两个值相加的结果就是最终的测量值。当主尺上面的值为偶数时,则在表盘上读右半圈的数值,当主尺上面的值为奇数时,则在表盘上读左半圈的数值。

图 1-27 中主尺上的值为 5mm,为奇数,那么在表盘上面的读数则取左半圈数值,为 0.94mm,总数值为 5.94mm。

4. 带表卡尺的保养方法

1) 使用前必须先擦干净测量面,对好"零",要保持卡尺测量面、齿条和其他传动部分的清洁、润滑。测量后应随手合上量爪,以防止灰尘、沙粒、金属切屑等物损坏齿条。

2）测量工件应在静态下进行。使用时，测量力度要适当，有微动滚轮的卡尺应使用微动滚轮。

3）移动卡尺尺框要平稳，应避免快速拉动而向尾端或前端碰撞，应避免撞击和跌落，以防止针位变形、指针松脱、量爪损坏。

4）禁止将卡尺靠近磁场或放置在磁性物体上。如发现卡尺带有磁性，应及时退磁后方可使用。

5）非专业人员不可拆卸卡尺传动部位，卡尺须做定期校验。

三、数显游标卡尺

1. 数显游标卡尺结构

数显游标卡尺简称数显卡尺，它是一种精密测量工具，工作原理与带表卡尺类似，主要区别是测量值显示在数显读数屏幕而不是模拟刻度盘上。

数显卡尺的主要优点是：

1）数显卡尺读数更方便快捷。

2）测量值可以传送到计算机。

其主要外观结构如图 1-28 所示。

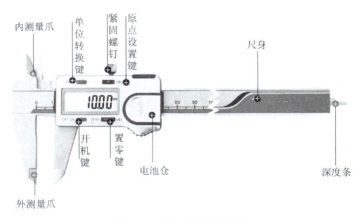

图 1-28　数显卡尺的结构

2. 数显卡尺的使用方法

（1）取出卡尺　首先，从盒子里取出卡尺，取出卡尺的时候，卡尺应该是关闭的状态，也就是合拢的状态。取出后先试着滑动卡尺，看是否通畅，若不通畅，可使用一些润滑剂。

（2）打开开关　使用卡尺时，要先按一下卡尺上的 ON/OFF 键打开卡尺开关，打开后，会看到卡尺上面显示一些数字，这是正常的，但也有的卡尺不显示数字。

（3）归零　如果打开开关之后显示有数字，就直接进行测量，那么测量数据是不准的，所以在打开开关之后，要先归零。按一下归零键（ZERO/ABS），数据就清零了。一般来说，归零要进行三次，所以再一次滑动卡尺，合拢，再归零。要是最后一次合拢还没有归零的话，就要再一次按一下归零键。

（4）测量　数显卡尺可以用来测零件的内径、外径和深度，其测量方法和普通游标卡尺相似。

注 意

有些数显卡尺有两个单位（毫米和英寸），需要转换的时候按一下单位转换键（in/mm）就可以了。当转换单位后，会看到显示屏上的数字后方的单位就是转换之后的单位。

3. 数显卡尺的读数

读数图如图1-29所示，直接显示在屏幕上。

图1-29　数显卡尺的读数

完成学习工作页

学习工作页　游标卡尺的使用					
学生姓名		班级		学号	
日期		开始时间		结束时间	

1. 任务

分别提供10分度游标卡尺、20分度游标卡尺、50分度游标卡尺、带表卡尺、数显卡尺各一个和相应的汽车零件，测量并记录零件的长度、内径和外径。

2. 目的

学会正确使用游标卡尺测量零件尺寸。

3. 准备工作

1) 10分度游标卡尺、20分度游标卡尺、50分度游标卡尺、带表卡尺、数显卡尺各一个。

2) 被测零件若干。

4. 要求

指导教师将：

1）检查学生的记录情况。
2）检查学生的测量过程。
3）确定学生精确测定工件的能力。
4）学生所测数值必须在老师测定值的 0.02mm 误差范围内。

5．学生测量记录

（1）10分度游标卡尺的测量结果为：

1）长度：＿＿＿＿＿＿＿＿＿＿＿＿＿＿＿＿

2）内径：＿＿＿＿＿＿＿＿＿＿＿＿＿＿＿＿

3）外径：＿＿＿＿＿＿＿＿＿＿＿＿＿＿＿＿

（2）20分度游标卡尺的测量结果为：

1）长度：＿＿＿＿＿＿＿＿＿＿＿＿＿＿＿＿

2）内径：＿＿＿＿＿＿＿＿＿＿＿＿＿＿＿＿

3）外径：＿＿＿＿＿＿＿＿＿＿＿＿＿＿＿＿

（3）50分度游标卡尺的测量结果为：

1）长度：＿＿＿＿＿＿＿＿＿＿＿＿＿＿＿＿

2）内径：＿＿＿＿＿＿＿＿＿＿＿＿＿＿＿＿

3）外径：＿＿＿＿＿＿＿＿＿＿＿＿＿＿＿＿

（4）带表卡尺的测量结果为：

1）长度：＿＿＿＿＿＿＿＿＿＿＿＿＿＿＿＿

2）内径：＿＿＿＿＿＿＿＿＿＿＿＿＿＿＿＿

3）外径：＿＿＿＿＿＿＿＿＿＿＿＿＿＿＿＿

（5）数显卡尺的测量结果为：

1）长度：＿＿＿＿＿＿＿＿＿＿＿＿＿＿＿＿

2）内径：＿＿＿＿＿＿＿＿＿＿＿＿＿＿＿＿

3）外径：＿＿＿＿＿＿＿＿＿＿＿＿＿＿＿＿

（6）请写出如图1-30所示游标卡尺的读数。

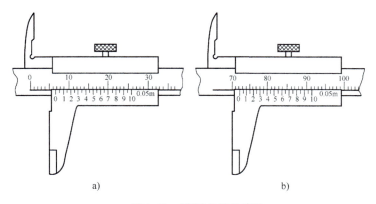

图1-30 游标卡尺的读数

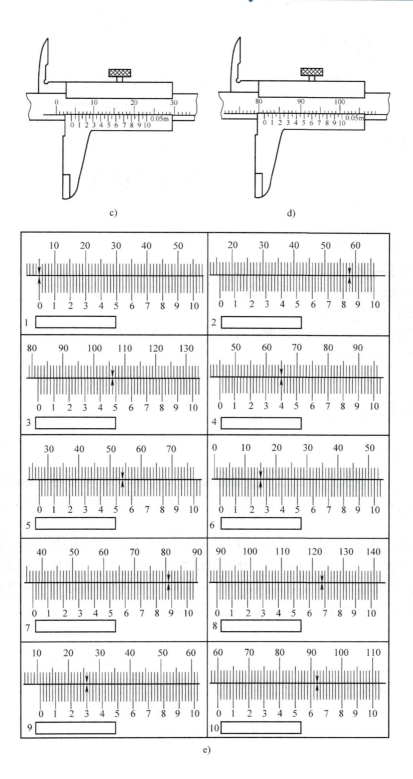

图 1-30 游标卡尺的读数（续）

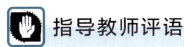

指导教师评语

_____

_____

教师签字：_____　　　　　　　　日期：_____

任务3　千分尺的使用

 学习目标

学完本任务后，应能做到：
1）正确识别、选用各种千分尺。
2）能说出千分尺的用途。
3）当使用和保存千分尺时能说出和做到必需的防护措施。
4）能正确使用各种千分尺，能正确读数。

 学习信息

一、千分尺的类型

千分尺是精密测量仪器，它的测量精度一般能达到0.01mm，而游标千分尺的测量精度可达0.001mm，千分尺与其他测量仪器一样，必须妥善使用，以保持其精度和避免被损坏。

在汽车工业中使用的千分尺有外径千分尺、内径千分尺、深度千分尺、内测千分尺四种，其外观结构如图1-31所示。其中内径千分尺和内测千分尺的区别是：内径千分尺一般用于50mm以上内尺寸的测量，内测千分尺一般用于50mm以下内尺寸的测量。

千分尺中常用的是外径千分尺，下面只介绍外径千分尺。

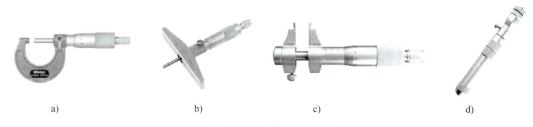

图1-31　千分尺的种类

a）外径千分尺　b）深度千分尺　c）内测千分尺　d）内径千分尺

二、外径千分尺

1. 外径千分尺的用途

外径千分尺主要用于：

1）测量圆形物体的外径。

2）测量各种汽车零部件的长度和宽度，其结构如图1-32所示。

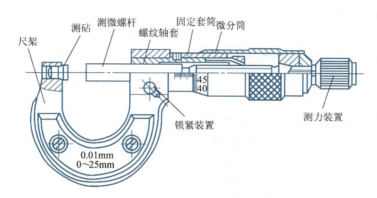

图1-32 外径千分尺

2. 外径千分尺的使用方法

1）校核"0"点，使用与千分尺配套的校准扳手扳动固定套筒上的小孔，可校核"0"点。

注 意

该操作只有在老师指导下方可进行，不允许任意扳动。

2）使用千分尺时，把要测量的物件放在测砧2和测微螺杆3的端面之间，如图1-33所示。

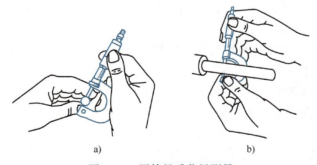

图1-33 用外径千分尺测量

a）对小物件的测量 b）固定物件的测量

3）当转动微分筒时，促使测微螺杆向前移动，直到测砧和测微螺杆都轻微地接触到零件，这时改为转动测力装置，直至听到"咔嚓"声为止。

4）取出外径千分尺读数，必要时可拧紧锁紧装置。

①尺寸大小能从刻度上读出，该刻度是标在固定套筒和微分筒上的。

②小型物件可以如图1-33a中所示的那样进行测量。

③对于较大的物件或固定着的物件，可按图1-33b所示使用千分尺。

三、千分尺的读数

一把千分尺有两个刻度盘：

1）一个在固定套筒上，固定套筒上有主刻度尺和一根基准线。

2）另一个在微分筒上，如图1-34所示。

1. 普通千分尺的读数

就普通千分尺来说（图1-34），固定套筒上的主刻度尺有整毫米（1.00mm）和半毫米（0.5mm）两种刻度。整毫米刻度是标在基准线上面的，每隔五个刻度用0、5、10等数字标记；半毫米的刻度是标在基准线下面的。

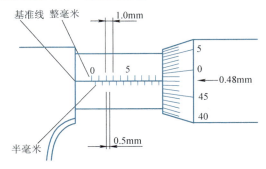

图1-34 千分尺刻度

在微分筒的圆周上标有50个刻度，每个刻度表示百分之一毫米（0.01mm）。所以，微分筒转一整圈表示50×0.01mm，就是0.50mm。因此，微分筒转一整圈，它将沿着主刻度尺运动0.50mm，这就是半毫米的刻度。

千分尺读数时，主刻度尺要读到微分筒边缘以左，再把微分筒上的读数加上去。其步骤如下：

1）先读微分筒左边的主刻度尺上看得见的整毫米刻度，如图1-34所示为9.000mm。

2）若基准线下面的一个刻度露出，就把半毫米刻度加到上面读出的读数上；如果未露出，则不加。如图1-34所示为9.000mm+0.500mm=9.500mm。

3）读出微分筒上与固定套筒的基准线对齐的那条刻度线数值，即为不足半毫米的测量值，如图1-34所示为48×0.010mm=0.480mm（注意：0.480mm末尾的0为估读值，千分尺必须要有估读值）。

4）把三个读数加起来即为测得的实际尺寸数值，图1-34中的测量值应为

主刻度尺整毫米刻度： 9.000mm

主刻度尺半毫米刻度： 0.500mm

微分筒刻度： +0.480mm

9.980mm

图1-35所示的千分尺刻度表示的读数如下：

主刻度尺整毫米刻度： 10.000mm

主刻度尺半毫米刻度： 0.500mm

微分筒刻度： +0.160mm

10.660mm

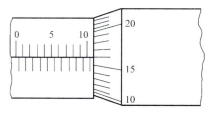

图1-35 普通千分尺刻度

（读数为10.660mm）

2. 游标千分尺的读数

游标千分尺在其固定套筒上有一个附加的刻度尺,称作游标尺,其刻度线与基准线平行,这就允许测量值达到附加的小数位,如图 1-36 所示。

该游标尺有 5 个刻度,这些刻度从基准线上的零开始,标注了 2、4、6、8 和 0(10),每一刻度表示 0.002mm。

图 1-36 中所示的千分尺的读数除了附加的游标尺以外,其余的与图 1-35 中的一样,最后再加上游标尺上的刻度。

图 1-36 中游标尺的"6"刻度和微分筒上的一个刻度对齐,它的读数就是 0.006mm。

在图 1-36 中刻度尺的读数是:

主刻度尺整毫米刻度: 10.000mm
主刻度尺半毫米刻度: 0.500mm
微分筒刻度: 0.160mm
游标尺刻度: +0.006mm
10.666mm

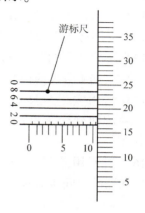

图 1-36 游标千分尺的游标尺

注:该游标尺包括了 10 个单位刻度,但只是每逢偶数由数字 2、4、6、8 和 0 表示。

注　意

图 1-36 所示仅仅是偶数刻度标注在固定套筒上(标有数字 2、4、6 等),所以,千分尺的分度值将精确到 0.002mm。如果十个刻度全部都标注出来的话,该千分尺将可以读到 0.001mm。

四、使用千分尺注意事项及保养

千分尺是精密的测量工具,在使用过程中应注意的要点是:

1)用千分尺测量工件前,应清洁千分尺的工作面和工件的被测表面,不允许有任何污物。

2)严禁在毛坯工件上、正在运动着的工件或过热的工件上进行测量,以免影响外径千分尺的精度或影响测得的尺寸精度。

3)使用前检查零刻度是否对齐。

4)不要试图测量不平的表面。

5)在读数之前确定千分尺是否固定,对测微螺杆不要施加过高的压力。

6)轻拿轻放千分尺,不要把千分尺放在有灰尘、液体的地方。

7)在读数期间保持千分尺的平直。

8)不准把千分尺当作卡钳使用。

9)不准拿着微分筒快速转动,以防止测微螺杆加速磨损或两测量面相互猛撞,将螺旋副撞伤。

10）对于老式结构的千分尺，不准拧松后盖，如果后盖松动了必须校对"0"位后再使用。

11）要防止油石、砂布等硬物损伤千分尺的测量面、测微螺杆等部位。

12）不要把千分尺放在容易掉下和受冲击的地方，千分尺万一掉在地上或者硬物上时，应立即检查千分尺各部位的相互作用是否符合要求，并校对其"0"位。

13）不要企图调整千分尺，除非对调整已接受培训。

14）根据千分尺的检测规则，不要超过它的尺寸范围。

15）当用完千分尺后，必须进行清洁，并放回到盒子里面，如图1-37所示。

16）当不用外径千分尺时，在测微螺杆和测砧之间应留有一定间隙。

17）如果较长时间不使用，应该在测量面和测微螺杆上涂防护油，而且两个测量面不要相互接触，不得将千分尺放在高温、潮湿、有酸和磁性的地方。

18）千分尺要实行周期检查，检查周期长短要看使用的情况而定。

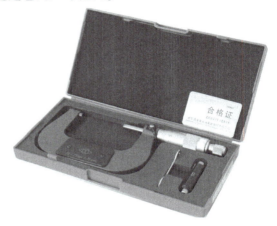

图1-37　千分尺的存放

完成学习工作页

学习工作页　千分尺的使用					
学生姓名		班级		学号	
日期		开始时间		结束时间	

1. 任务

普通外径千分尺、游标千分尺各一把以及各种待测零件，测量并记下零件的外径。

2. 目的

学会正确选用及使用各种测量仪器进行零部件测量。

3. 准备工作

1）普通外径千分尺、游标千分尺各一把。

2）待测的阶梯轴。

4. 要求

指导老师将：

1）检查学生的记录报告。

2）检查学生的测量过程。

3）让学生测量给定的工件，测量结果必须在老师测定值的0.01mm误差范围内。

4）要求确认千分尺的主要部件。

5）要求学生能正确的读数。

5．学生测量记录

（1）记录老师指定零件部位的尺寸：

1）普通外径千分尺为：

尺寸1：_____　　尺寸2：_____

尺寸3：_____　　尺寸4：_____

2）游标千分尺为：

尺寸1：_____　　尺寸2：_____

尺寸3：_____　　尺寸4：_____

（2）使用千分尺时应注意些什么？（至少列出4条）

_____

_____

_____

_____

（3）在图1-38所示空格中正确写出千分尺的读数。

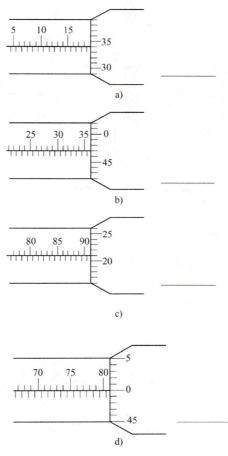

图1-38　千分尺的读数

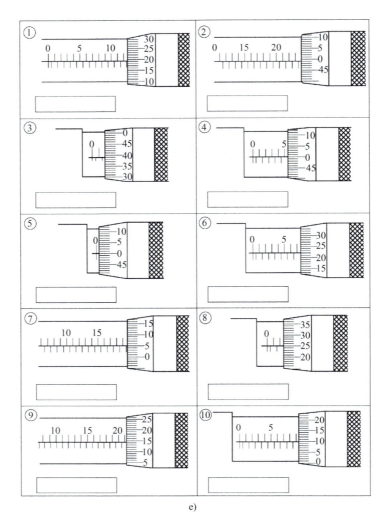

e)

图1-38 千分尺的读数（续）

指导教师评语

_____

_____

教师签字：_____ 日期：_____

任务4 百分表与千分表的使用

学习目标

学完本任务后，应能做到：

1)正确识别百分表和千分表。
2)能说出百分表和千分表的用途。
3)当使用和保存百分表和千分表时能说出和做到必需的防护措施。
4)能正确使用百分表和千分表,能正确读数。

学习信息

一、百分表

1. 百分表的作用

百分表是一种长度测量工具,它主要用于:
1)测量一些小尺寸。
2)测量工件的几何形状误差和位置误差,其结构如图1-39所示。

2. 百分表的结构原理及读数

当一个轻的压力作用在百分表的测量头上时,百分表的测量杆向内移动,其齿条带动表中的指针旋转,因而可从指针旋转的刻度读出测量杆移动的距离,其内部结构如图1-40所示。

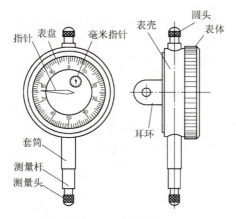

图1-39 百分表

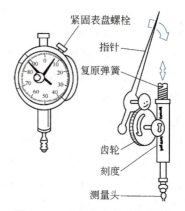

图1-40 百分表和其内部结构

当测量杆移动1mm时,指针转一周,由于表盘上共刻100格,所以指针每转一格表示测量杆移动0.01mm。

当测量杆移动距离超过1mm时,毫米指针将移动,测量杆移动的毫米量由毫米指针表示,通过大小指针的读数,就可得知被测尺寸。

百分表具体的读数方法是:先读毫米指针(通常是小指针)转过的刻度线(即毫米整数),再读大指针转过的刻度线(即小数部分)并乘以0.01mm,然后两者相加,即得到所测量的数值。

3. 百分表的使用方法

1)在使用前,应检查百分表指针的灵敏度,用手指轻推测量杆底部,测量杆的移动应平稳、灵活、无卡住现象,指针与表盘不得有摩擦现象。松开之后,指针应能回到原位，其允许误差应在±0.003mm内。

2）其次，要将百分表装在磁性表座上，并卡紧和装稳，如图1-41所示。磁性表座通常有一个开关，可以减弱或加强磁性，并且磁性表座只有在铁金属上才有效。

3）测量时，调整滑杆，使百分表头部接触待检查的零件，如图1-42所示。

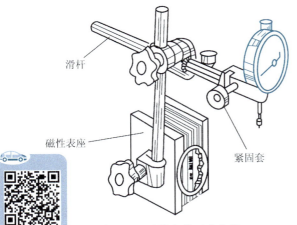

图1-41 百分表的正确安装

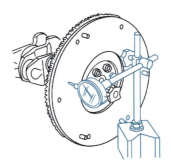

图1-42 用百分表来检查飞轮的轴向圆跳动

4）旋转表盘，将指针对准刻度盘的"0"刻度。

5）从指针相对于零点的变化可测出零件的误差，这些变化就是从测量杆传递到指针上的，这样的变化在零点的一侧表示为加值，在另一侧表示为减值。

例如，百分表贴紧飞轮的端面，检查其轴向圆跳动，如图1-42所示。飞轮旋转时，若飞轮有轴向圆跳动，则百分表指针将摆动。

4. 使用注意事项及保养

百分表是灵敏的测量工具，在使用时应特别小心，使用时的注意事项如下：

1）所使用的百分表必须在检定周期内，并检查其外观和各部位合格后方能使用。

2）测量前，首先把测量头、测量杆、套筒和表盘以及被测件擦净，夹紧百分表的装夹套筒后，测量杆应能平稳、灵活地移动，无卡住现象。

3）装夹后在未松开紧固套之前，不得转动表体，如需要把百分表转动方向时，必须先松开紧固套。

4）磁性表座如果放在有油的机架上面，磁性表座会发生微水滑动，影响测量结果，如遇这种情况，可将一张吸油的纸放在机架上，然后再把磁性表座放在纸上。

5）百分表只能检测光滑机械表面，不能用于测量毛坯的粗糙表面或有显著凹凸的表面，否则会损伤测头。

6）测量平面时，测量杆要与被测面垂直，否则不仅测量误差大，而且有可能会把测量杆卡住不能活动，损坏百分表。

测量圆柱形工件时，测量杆的中心线要垂直地通过工件的轴心线，如图1-43所示。

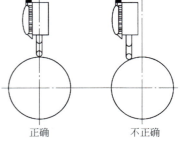

图1-43 百分表测量圆柱形工件的方法

7）测量时，先把测量杆提起，再把工件推到测量头下面，不得把工件强迫推入到测量头下，防止把测量头撞坏。

8）不允许把测量头压到尽头，以防止百分表被损坏。

9）要轻拿轻放，不要过多地拨动测量头使它做无效的运动，以防机件不必要的磨损。

10）不要使百分表受到剧烈振动，不得敲打百分表的任何部位。

11）用完后要把百分表擦净放回盒内，但不得在测量杆上涂凡士林或其他油类，否则会使测量杆和套筒黏结，造成移动不灵活。

12）不使用时，应让测量杆自由放松，使百分表处于自由状态，避免其内部机件受到外力作用，以保持精度。

13）百分表应放置在干燥、无磁性、无酸性的地方保存。

14）百分表要严格实行周期检查。

二、千分表

千分表的用途、工作原理、使用方法与百分表相同，它们的区别是千分表的精度比百分表更高，千分表为0.001mm，百分表为0.01mm。

常用千分表的测量范围有0～1mm、0～2mm、0～3mm、0～5mm四种，千分表的结构如图1-44所示。

三、内径百（千）分表

内径百（千）分表在汽车中常用来测量气缸缸径，其结构如图1-45a所示，内径百（千）分表下端测量杆的运动通过杠杆向上传递给顶部的百分表或千分表，通过指针的偏转可得出气缸缸径。

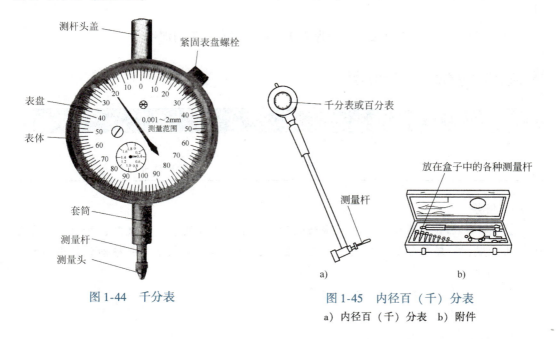

图1-44 千分表

图1-45 内径百（千）分表
a）内径百（千）分表 b）附件

对于不同尺寸的气缸缸径，要装上不同长度的测量杆，这些测量杆都放在图 1-45b 中装百分表或千分表以及各种附件的箱子中。

下面以内径百分表为例，讲述测量气缸缸径的方法。

1. 使用前的检查

1）检查测量头的相互作用和稳定性。

2）检查活动测量杆和可换测量杆的表面粗糙度，并要求连接稳固。

2. 正确使用方法

1）把百分表插入量表直管轴孔中，压缩百分表一圈，紧固螺母。

2）根据内径大小选取并安装可换测量杆，要求紧固。

3）将千分尺水平装在台虎钳上并夹紧，开口朝上。

4）将内径百分表上的可换测量杆放在千分尺测砧和测微螺杆中间，测出其长度并记录，测量时要求手握隔热装置。

5）转动百分表的表盘，要求指针对准"0"位。

6）将内径百分表倾斜放入发动机气缸中，并慢慢摆正，读出百分表指针偏转的数值并记录，读数时要求百分表处于水平位置，不得倾斜。

7）测量时要求摆动内径百分表，找到轴向平面的最小尺寸来读数。

8）在孔的轴向各位置至少重复测量 3 次，选取最小值。

9）千分尺的测量值减去百分表的读数即为测得的气缸缸径。

10）测量杆、测量头、百分表等应配套使用，不要与其他表混用。

3. 维护与保养

1）远离液体，不要使冷却液、切削液、水或油与内径百分表接触。

2）在不使用时，要摘下百分表，解除百分表的所有负荷，让测量杆处于自由状态。

3）不用时，内径百分表应成套保存于盒内，避免丢失与混用。

 完成学习工作页

学习工作页　百分表与千分表的使用					
学生姓名		班级		学号	
日期		开始时间		结束时间	

1. 任务

提供一个百分表或千分表、一根凸轮轴、一个汽车飞轮、一个气缸，测量并记下凸轮轴的挠度，飞轮的轴向圆跳动，气缸的缸径，测量结果必须清楚并精确到最小刻度。

2. 目的

学会使用百分表测量汽车零部件尺寸。

3. 准备工作

1）百分表或千分表。

2）待测定的各种零件（如凸轮轴、飞轮、气缸）。

4．要求

指导教师将：

1）检查学生的记录报告。

2）检查学生的测量过程。

3）检查学生的测量数据，老师测定一组数据，学生的测量值必须在教师测量值的 0.01mm 误差范围内。

4）检查学生的调整顺序。

5．学生测量记录

（1）在下面记下测量凸轮轴的结果：

凸轮轴的挠度：_____

凸轮轴的升程：_____

（2）飞轮的轴向圆跳动为：_____

（3）气缸缸径为：_____

缸径1：_____

缸径2：_____

缸径3：_____

（4）使用百分表和千分表时应注意些什么？至少列出五条。

_____
_____
_____
_____
_____
_____

（5）请在如图1-46所示空格中正确填出百分表的读数。

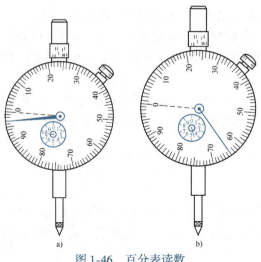

图1-46 百分表读数

a）_____ b）_____

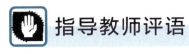

指导教师评语

教师签字：_____　　　　　　　　日期：_____

任务5　汽车常用电工测量工具的使用

学完本任务后，应能做到：
1）正确识别各种汽车电工测量工具。
2）对每种电工测量工具能说出其用途。
3）当使用和保存电工测量仪器时能说出和做到必需的防护措施。
4）能正确使用各种汽车电工测量仪器，能正确读数。

为了测试汽车电路和电子元件，就需要有一套测试电流、电压、电阻的设备，主要的电工测量仪器有：
1）电压表。
2）电流表。
3）电阻表。
4）万用表（电压表、电流表、电阻表等功能的组合）。

这些仪器的类型有指针型和数字型两种。电工测量仪器的选择应以工作要求为基础，当读数精度要求不太高时，使用便宜的指针型表就足够；当读数精度要求高时，就需使用数字型表。

在汽车机修工和技术人员中一般使用数字万用表，它能进行电流、电压、电阻的测试，在超负荷状态时也能自动保护，数字万用表的性价比远高于指针式仪表。

一、电压表

1. 电压表的作用

电压表主要用于测量存在于电路或电子元器件两极间的电压。

测量电压时电压表与电路中的元件必须并联，电压表的读数就是元件两端的电位差，常用电压表的结构如图1-47所示。

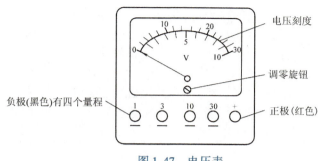

图 1-47 电压表

2. 使用电压表的操作步骤

1）检查指针是否指向零，如有必要，可使用调零旋钮进行校正。

2）如果电路电压不知道大小，应选择电压表的最高量程；如果知道电压，可选择电压表的适当量程。

3）测量时电压表要与电路中的元件并联。

4）电压表的正极和元件的正极相连接。

5）电压表的负极和元件的负极相连接。

其连接线路如图 1-48 所示。

3. 电压表的读数

1）首先确定测量电压时所选的量程是多少，图 1-49 中所选的量程为 30V。

2）应在与所选量程相对应的刻度上进行读数，如图 1-49 所示，应从最上一排刻度上读数，读出的数值为 26.0V。

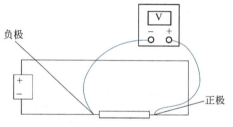

图 1-48 用电压表测电压

3）所选量程为 10V 的电压表的读数如图 1-50 所示，应从第二排刻度上读数，读出的数值为 3.4V。

图 1-49 所选量程为 30V 的电压表的读数

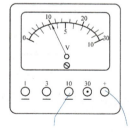

图 1-50 所选量程为 10V 的电压表的读数

二、电流表

电流表结构如图 1-51 所示。

1. 电流表作用

电流表主要用于测量电路中电流的大小。

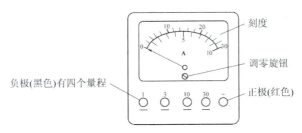

图 1-51　电流表结构

测量电流时,电流表要作为电路的一部分,与电路中的元件串联。

2. 使用电流表的操作步骤

1)检查指针是否指向零,若未指向零位,必须使用调零旋钮进行校正。

2)如果不知道电流大小,可选择电流表的最高量程;如果知道电流大小,可选择电流表的适当量程。

3)确定需要测量电流的电路位置,如图 1-52 所示。

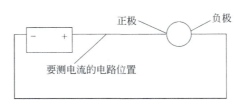

图 1-52　确定需要测量电流的电路位置

4)在确定的电路位置断开电路,如图 1-53 所示。

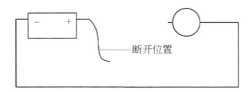

图 1-53　在要测电流的地方断开电路

5)把电流表连接到电路的断开部分,如图 1-54 所示。

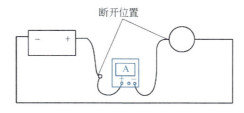

图 1-54　电流表的连接

6）电流表的正极与电流供给的正极相连接。

注　意

电流表必须与电路串联，如果并联会对电流表造成严重破坏。

3. 电流表读数

电流表的读数方法与电压表的读数方法一致。

1）确定测量电流时所选的量程，图 1-55 所示的电流表选择的量程为 30A。

2）在与所选量程相对应的刻度上读数，如图 1-55 应从最上一排刻度读数，读出的数值为 26.0A。

三、电阻表

电阻表的结构如图 1-56 所示。

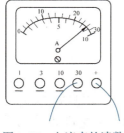

图 1-55　电流表的读数

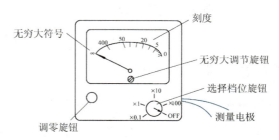

图 1-56　电阻表

1. 电阻表的作用

电阻表主要用于测量电子元件或电路的电阻值大小。

2. 电阻表和电压表、电流表的区别

1）它有自己的内部电源，包括 1V、5V、6V 和 9V 四种。

2）电阻表零读数在指针的右边。

3）刻度格不成比例。

4）无穷大调节旋钮用来将指针调至无穷大读数，调节时电阻表应关闭。

5）所选档位与指针的读数相乘得到电阻值。

6）在所选档位改变时，指针的调零旋钮应将指针调至零读数（两测量极应靠在一起）。

3. 电阻表的操作步骤

1）电阻表关闭时，检查指针是否指向无穷大，若没有，可用无穷大调节旋钮进行调节。

2）选择合适的量程，当所测元件的电阻值未知时，必须每个量程都应试一试，直到读出最准确的数值。

3）红黑表笔短接，观看指针是否指向零点，若未指向零点则用调零旋钮将指针调至零（在每次量程改变后，指针必须再次调零）。

注　意

应确保所测的元件和电路无电流通过,否则连接的电源会破坏电阻表及影响读数;在不确定时不要连接电池,如图1-57所示。

4)要对单个元件进行测试时,最好至少断开电路中的一头,以免进行错误的读数。

5)在所测元件的两端连接好电阻表,测出电阻和记录读数,如图1-57所示。

6)断开电阻表和元件。

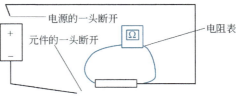

图1-57　电阻表连接示意图

4. 电阻表读数

选择电阻表上的一个档位,连接被测元件两端。

1)读出指针所指刻度的读数。

注　意

刻度的格数并不成比例,必须观察及算出每一格代表的数字。

如图1-58所示,在0和5之间有5格,那么每格就是1,但5和20之间只有3格,那么每格就是5。

2)指针所指的刻度数乘以所选的档位就是电阻值。

如图1-59a所示,指针指向5,档位为×1,测得的电阻值(Ω)为:5×1Ω=5Ω

如图1-59b所示,指针指向50,档位为×100,测得的电阻值(Ω)为:50×100Ω=5000Ω

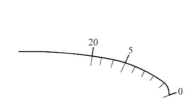

图1-58　电阻表的刻度

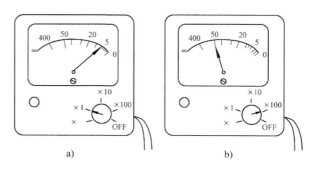

图1-59　电阻表的读数

四、万用表

万用表分为两种,指针型万用表和数字型万用表。

（一）数字型万用表

数字型万用表非常可靠，它能防止超负荷，有自动量程，不需改变刻度，而且经得起冲击，也防潮，一般在汽车修理厂中经常使用。

1. 数字型万用表的面板结构

以 DT-830B 袖珍式数字万用表为例加以说明，该表的面板形式如图 1-60 所示。

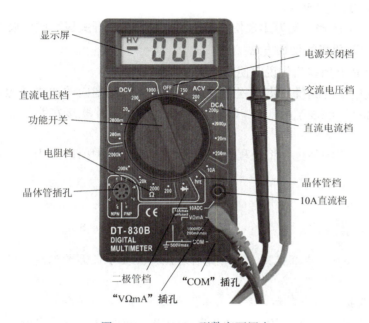

图 1-60　DT-830B 型数字万用表

（1）显示屏　最大显示值为 1999（或 -1999），若被测电压为负值，显示值前将带"-"号，若所测电压超过万用表量程，显示屏将显示"1"或"-1"。

（2）直流电压（DCV）档　测量直流电压大小时使用，把功能开关拨至相应量程处即可，其量程有 200mV、2000mV、20V、200V、1000V。

（3）功能开关　在面板中央的功能开关配合各种指示盘，可完成测试电压、电流、电阻等相关功能和量程的选择。

（4）电阻（Ω）档　测量直流电压大小时使用，把功能开关拨至相应量程处即可。其量程有 200Ω、2000Ω、20kΩ、200kΩ、2000kΩ。

（5）晶体管（h_{FE}）插孔　它是测量晶体管（包括 NPN 和 PNP 型）放大倍数的，上面标有 E、B、C 字母，使用时把晶体管的 E、B、C 管脚插入相应的插孔内，功能开关拨至晶体管（hFE）档处。

（6）二极管档　它的主要作用是测量二极管的正向压降和电路的通断。

（7）"VΩmA"插孔　它是正极端插孔，在测电压、电阻和小于 200mA 的直流电流时插入红表笔。

（8）"COM"插孔　它是公共端插孔，使用时插入黑表笔。

（9）10A 直流档　在测 200mA~10A 的直流电流时使用，把功能开关拨至这个档位，同时插入红表笔。

（10）晶体管（hFE）档　它的作用是测量晶体管（包括 NPN 和 PNP 型）的放大倍数，它要和晶体管（hFE）插孔配合使用。

（11）直流电流（DCA）档　测量 200mA 以下的直流电流时使用，把功能开关拨至相应量程处即可，其量程有 200μA、2000μA、20mA、200mA。

（12）交流电压（ACV）档　测量交流电压时使用，把功能开关拨至相应量程处即可，其量程有 200V、750V。

（13）电源关闭档　当万用表使用完毕后，应将功能开关拨至此处放置。

2．数字型万用表的使用方法

以 DT-830B 万用表为例说明使用方法，具体如下：

（1）直流电压的测量　将量程开关拨到"DCV"范围内的适当量程档，黑表笔插入"COM"插孔，红表笔插入"VΩmA"插孔，两表笔并联接在测量点上，显示屏上便出现测量值。

（2）交流电压的测量　将量程开关拨至"ACV"范围内的适当量程档，其他与测直流电压时相同。

注　意

1）如果不知被测电压范围，则首先将功能开关置于最大量程后，视情况降至合适量程。

2）如果只显"1"，表示过量程，功能开关应置于更高量程。

3）DCV 不要输入高于 1000V 的电压（ACV 时不要输入高于 750V 有效值电压），显示更高的电压值是可能的，但有损坏内部电路的危险。

（3）直流电流的测量

1）测量小于 200mA 的直流电时，将量程开关拨到"DCA"范围内的适当量程档，红表笔插入"VΩmA"插孔，黑表笔插入"COM"插孔，将测试表笔串联接入到待测负载上，显示屏上便出现测量值。若量程开关置于"200μA"档时，读数的单位为微安（μA）；若置于"200mA"毫安档时，单位为毫安（mA）。

2）测量大于 200mA 的直流电时，需将红表笔插入"10A"插孔，将量程开关拨至"10A"档，这时显示读数的单位为安（A）。

注　意

1）如果使用前不知道被测电流范围，则首先将功能开关置于最大量程后，视情况降至合适量程。

2）如果显示器只显示"1"，表示过量程，功能开关应置于更高量程。

3）最大输入电流为 200mA，过量的电流将烧坏熔丝，应再更换，10A 档无熔丝保护，测量时不能超过 15s。

（4）电阻的测量 将量程开关拨到"Ω"范围内的适当量程档，红表笔插入"VΩmA"插孔，黑表笔插入"COM"插孔，将测试表笔连接到待测电阻上，显示屏上便出现测量值。若量程开关置于"Ω""kΩ"时，显示值分别以欧（Ω）、千欧（kΩ）为单位。

注 意

1）在检测电阻时，两表笔要与被检测件紧密接触，否则易导致测量结果不准。
2）测量电阻时，请不要用手碰触到电阻脚或表笔针，以免引入测量误差。
3）如果被测电阻值超出所选择量程的最大值时，将显示过量程"1"，应选择更高的量程。
4）检测在线电阻时，必须确认被测电路已关去电源，同时电容已放完电，方能进行测量。

（5）电路通断的检查 将量程开关拨到二极管符号档，红表笔插入"VΩmA"插孔，黑表笔插入"COM"插孔，将表笔连接到待测电路的两端，若蜂鸣器发出叫声，说明电路接通。

（6）二极管的测量 将量程开关拨至二极管符号档，红表笔插入"VΩmA"插孔，黑表笔插入"COM"插孔，用红表笔接二极管的正极（阳极），黑表笔接二极管的负极（阴极）；当极性接正确时，显示屏显示的是二极管正向导通电压降，当极性接错时，将显示溢出，二极管反向截止。

（7）晶体管放大倍数的测量 把PNP管或NPN管插入相应的E、B、C插孔中，功能开关置于hFE档，显示屏上显示晶体管的放大倍数值。

3. 数字型万用表的注意事项

数字万用表是一种精密电子仪表，不能随便改动内部电路以免损坏。
1）不要接到高于1000V的直流或有效值为750V以上的交流电压上去。
2）当万用表的电池电压过低时，显示屏上会出现一个电池低电图标。
3）切勿误接量程，以免外电路受损。
4）仪表后盖未盖好时切勿使用。
5）换电池及熔丝必须在拔去表笔及关断电源后进行。旋出后盖螺钉，轻轻地稍微掀起后盖并同时向前推后盖，使后盖上的挂钩脱离仪表面壳，取下后盖，按后盖上注意说明的规格要求更换电池和熔丝。
6）万用表用完后应关闭电源，放回盒子里去；放在干燥、干净的地方；不允许把表放在高温，易受冲击或易掉下的地方。
7）不允许乱拨动万用表的功能开关。

（二）指针型万用表

1. 和数字型万用表的区别

1）指针型万用表的读数需在刻度上读出，不能直接显示。
2）它的测量精度没有数字型万用表高。

2. 指针型万用表的面板结构

指针型万用表的型号规格很多，但其面板结构大同小异。现以袖珍式 U—101 型万用表为例加以说明，其面板结构如图 1-61 所示。

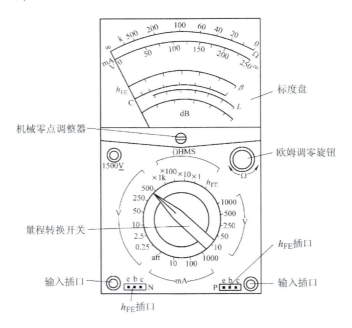

图 1-61　U—101 型万用表面板图

面板主要由以下几部分组成：

（1）标度盘　标度盘用黑、绿、红三种颜色，共标注了六条刻度线。第一条刻度线右边标有"Ω"是测量电阻的刻度线；第二条刻度线右边标有"≃"，左边标有"mA·V"是测量交、直流电压及直流电流的刻度线。第三条刻度线右边标有"β"，左边标有"h_{FE}"是测量晶体管直流放大倍数的刻度线；第四条是测量电容的刻度线；第五条是测量电感的刻度线；第六条是测量音频、电频的刻度线。

（2）量程转换开关　量程转换开关配合标有多种工作状态和量程范围的指示盘，用来完成测量功能和量程的选择。

（3）机械零点调整器　可用一字螺钉旋具旋动机械零点调整器，使指针调整到零位。

（4）调零欧姆旋钮　测量电阻前，先将两表笔短接，调整调零欧姆旋钮，使指针对准在零欧姆刻度上。

（5）输入插口　输入插口是万用表通过表笔与被测量点连接的部位。使用时将红、黑两表笔分别插入"+"、"-"插口内，测量"1500V"直流高压时应将红表笔插入"1500V"的插口内，红、黑表笔分别接在被测电压的正负端。

（6）h_{FE} 插口　它是测量晶体管直流放大倍数的，使用时把晶体管 e、b、c 管脚插入相应的插口内（NPN 型管插入 N 插口内，PNP 型管插入 P 插口内）即可。

3. 指针式万用表的使用方法

以 U-101 型万用表为例加以说明，应按下面方法进行操作。

(1) 直流电压的测量　将量程开关拨到"V"档，选择合适的量程，红、黑表笔分别插入"+"、"-"插口内，把表笔接在被测电压的正负端，指针在第二条刻度线读数。

(2) 交流电压的测量　将量程开关拨到交流电压档，选择合适的量程，红、黑表笔并接在被测电压的两端，指针仍在第二条刻度线读数，其方法同上。

(3) 直流电流的测量　将量程开关拨到"mA"档，选择合适量程，红、黑表笔串接到被测电流电路中，使电流从红表笔流入，从黑表笔流出，指针也在表盘的第二条刻度线读数。

(4) 电阻的测量　将量程开关拨到"Ω"档，选择合适的量程，先把红、黑表笔短接，调节欧姆调零旋钮，使指针对准零位，然后将红、黑表笔接在被测电阻两端。待指针偏转后，读出指针在"Ω"刻度的读数，乘以该档的倍率，就是被测电阻值。例如：用 $R \times 1k$ 档测一个电阻，指针读数为 12.5，所测电阻值为 $12.5 \times 1000\Omega = 12500\Omega$。

(5) 晶体管放大倍数的测量　将量程开关拨到 $\Omega \times 10$ 档，先进行调零，再将量程开关拨至 h_{FE} 档，把晶体管 e、b、c 管脚插入相应的插口内（NPN 型管插入 N 插口内，PNP 型管插入 P 插口内），指针偏转后，读出指针在 β 刻度线的读数，则为晶体管的直流放大倍数 β 值。

(6) 电容、电感的测量　将量程开关拨至交流电压的 10V 档，被测电容（或电感）一端串接于一表笔，另一端接于 10V 交流电源的一端，另外一表笔跨接于 10V 交流电源的另一端，使交流电源、电容或电感、万用表形成回路，指针即偏转指示出相应的电容（或电感）值。

注　意

在测量之前应先将电容放电。

4. 指针型万用表的读数方法

1）当选用电压量程时，其读数方法同前面讲的电压表。

2）当选用电流量程时，其读数方法同前面讲的电流表。

3）当选用电阻量程时，其读数方法同前面讲的电阻表。

5. 指针型万用表的注意事项

1）如果不知被测电压范围，则首先将功能开关置于最大量程后，视情况降至合适量程。

2）测直流电时不要输入高于 1000V 的电压（测交流电时不要输入高于 750V 的有效值电压），显示更高的电压值是可能的，但有损坏内部电路的危险。

3）如果被测电流范围未知，应将功能开关置于高档逐步调低。

4）检测在线电阻时，必须确认被测电路已关掉电源，同时电容已放完电，方能进行测量。

5）万用表用完后应关断电源，放回盒子里去；放在干燥、干净的地方；不允许把表放在高温、易受冲击或易掉下的地方。

6)不允许乱拨动万用表的功能开关。

知识拓展

游标卡尺的鼻祖——王莽卡尺

古人王莽发明了一种铜卡尺,从原理、性能、用途上来看,这种铜卡尺同现代的游标卡尺十分相似,比西方早了1700多年,如图1-62所示。

该铜卡尺由固定尺和活动尺两个主要部件构成,卡尺全长13.3cm,固定尺的卡爪长5.2cm、宽0.9cm、厚0.5cm。固定尺上端有鱼形柄,长13cm,中间开有一条导槽,槽内设置有一个能旋转调节的导销,可循着导槽左、右移动。在活动尺上有一个环形拉手,便于活动尺移动。这件铜卡尺既可测器物的直径,又可测其深度以及长、宽、厚,均较直尺方便和精确。

图1-62 1992年5月在扬州一座东汉早期墓中出土的铜卡尺

完成学习工作页

学习工作页 汽车电工测量工具的使用					
学生姓名		班级		学号	
日期		开始时间		结束时间	

1. 任务

给一个电压表、电流表、电阻表、指针型万用表和数字型万用表,一些需测量的汽车电路和电子元器件等设备,测量并记下电路或电子元器件的电压、电流、电阻和二极管的好坏。

2. 目的

学会测量各种电路或电子元器件的电压、电流、电阻等值。

3. 准备工作

1)电压表、电流表、电阻表、指针型万用表和数字型万用表各一个。

2)待测的电路或电子元器件,如蓄电池、二极管、晶体管、电阻等。

4. 要求

指导教师将:

1)检查学生的记录情况。

2)检查学生的测量过程、测量方法是否正确。

3)让学生测量给定的电路或电子元器件,测量结果必须在教师测量值的±1个单位误差范围内。

4)询问学生使用电工测量仪器时应注意些什么,应如何保养电工测量仪器。

5. 学生测量记录

(1)测量的电压值。

用电压表测定的电压值	用万用表测定的电压值
电压1：	电压1：
电压2：	电压2：
电压3：	电压3：
电压4：	电压4：

（2）测量的电流值。

用电流表测定的电流值	用万用表测定的电流值
电流1：	电流1：
电流2：	电流2：
电流3：	电流3：
电流4：	电流4：

（3）测量的电阻值。

用电阻表测定的电阻值	用万用表测定的电阻值
电阻1：	电阻1：
电阻2：	电阻2：
电阻3：	电阻3：
电阻4：	电阻4：

（4）判断二极管的好坏。

万用表	好	坏
指针式万用表		
数字式万用表		

（5）为什么使用电阻表测量电阻时应先断开电源？

（6）测量电压时仪表应采用什么连接方式？测量电流时仪表应采用什么连接方式？测量电阻时仪表应采用什么连接方式？

指导教师评语

教师签字：_____　　　　　　日期：_____

鉴定工具1　口头或书面问题清单

考生姓名		考生学号	
课程名称	汽车维修常用工具及设备使用		
工作场所			
鉴定日期			

鉴定步骤：回答下列所有问题。

正确回答以下问题（请选择：口头□　书面□）	对	错	备注
1. 用工具进行测量时有哪些安全要求	□	□	
2. 使用游标卡尺测量时应注意哪些问题	□	□	
3. 使用千分尺进行测量时应注意哪些问题	□	□	
4. 使用百分表和千分表进行测量时应注意哪些问题	□	□	
5. 使用万用表进行测量时应注意哪些问题	□	□	

考生知识表现：

　　　　　　合格□　　　不合格□

给考生的反馈：

如果不合格，需要重新鉴定的说明：

签字说明考生同意上述记录属实，反映所完成的任务
考生签字：　　　　　　　　　　　　　　　　　　　　　　日期：

签字说明考生已表现对任务实践的能力和理论的理解
鉴定师签字：　　　　　　　　　　　　　　　　　　　　　日期：

鉴定工具 2　练习和观察清单

考生姓名		考生学号	
课程名称	汽车维修常用工具及设备使用		
工作场所			
鉴定日期			
任务简述	任务 1　简单测量工具的使用 任务 2　游标卡尺的使用 任务 3　千分尺的使用 任务 4　百分表与千分表的使用 任务 5　汽车常用电工测量工具的使用		

鉴定步骤：需要展示所有技能，并能被鉴定教师观察到

考生具备了下列技能吗	是	否	备注
1. 实作时是否遵守了安全操作程序	□	□	
2. 测量时是否选用了正确的工具和设备	□	□	
3. 测量时是否有采用正确的步骤和程序，动作是否规范	□	□	
4. 测量时读数是否正确	□	□	
5. 能否正确完成任务 1~5 后面的工作页安排	□	□	

考生能力表现：

　　　　　　　　　　合格□　　　　不合格□

给考生的反馈：

如果不合格，需要重新鉴定的说明：

签字说明考生同意上述记录属实，反映所完成的任务
考生签字：　　　　　　　　　　　　　　　　　　　　　　　　日期：
签字说明考生以表现对任务实践的能力和理论的理解
鉴定师签字：　　　　　　　　　　　　　　　　　　　　　　　日期：

项目2 汽车常用工具的使用

 项目学习目标

学完本项目后,应能做到:
1) 正确识别、选用各种汽车常用维修工具与设备。
2) 对每种汽车维修工具能说出其用途。
3) 当使用和保存汽车维修工具时能说出和做到必需的防护措施。
4) 能正确使用、保养各种汽车维修工具与设备。
5) 树立质量检测公平、公正的职业操守,弘扬劳模精神。

 学习信息资源

1) 有关工作场所健康与安全的法律、法规。
2) 汽车维修工具与设备的使用说明书和安全操作规定。
3) 介绍各种工具和设备使用方法的文字资料、书籍。
4) 介绍各种汽车维修工具与设备知识的网站。

 学习场所和设备

1) 安全的工作车间或模拟车间。
2) 个人防护用品、用具。
3) 各种汽车维修工具:如扳手、套筒、螺钉旋具、撬棍、砂轮、台虎钳、钢锯、錾子、锉刀、丝锥、板牙、顶拔器、电钻、气动扳手、压缩机等。
4) 一些需拆装的汽车零部件。

 项目学习任务

为了能对常用汽车维修工具与设备进行正确使用,本项目安排的学习任务如下:
任务1　扭转旋具类工具的使用
任务2　钳子和夹紧类工具的使用
任务3　錾削、击打、切割类工具的使用
任务4　锯削和锉削类工具的使用
任务5　钻削和铰削类工具的使用
任务6　攻螺纹与套螺纹类工具的使用

项目2 汽车常用工具的使用

任务7 磨削和推拉类工具的使用
任务8 电动工具与气动工具的选择和使用

任务1 扭转旋具类工具的使用

  学习目标

学完本任务后，应能做到：识别、选择及正确、安全地使用和保养扭转旋具类手动工具。

  学习信息

汽车在拆装和维修过程中，需大量使用各种各样的维修工具和专用工具，其中手动工具使用频率特别高。而手动工具可分为七大类，即

1）扭转旋具类。
2）钳子和夹紧类。
3）錾削、击打和切割类。
4）锯削和锉削类。
5）钻削和铰削类。
6）攻螺纹和套螺纹类。
7）磨削和推拉类。

手动工具一般放在工具箱中保存，如扳手、螺钉旋具、钳子、锤子、冲子等工具使用完后必须保管于工具箱中，保持工具清洁，并分类放置，以方便以后使用。图2-1所示为常用工具箱和带格子的工具柜。

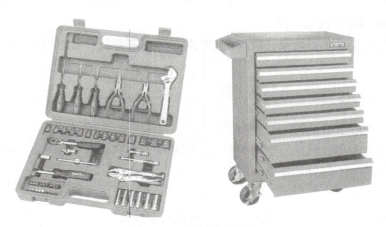

图2-1 工具箱和工具柜

一、操作维修工具时的注意事项

在工作场所中造成安全事故的原因一般有两种，即不安全的操作和不安全的工作环境。

53

1. 不安全的操作主要包括的方面

1）在靠近滑轮、传动带及电风扇的地方工作时，穿宽松的衣服。
2）把维修工具和设备随意放在过道上或过道边。
3）工作时打闹或开玩笑。
4）没有穿专用的防护服和鞋子。
5）操作工具过急、过猛。
6）工作之前没有把手上的油脂洗干净。
7）没有按照安全操作规程操作工具和设备。
8）留有长发时，没戴帽子或网罩。
9）使用电动工具或使用錾子时，没有戴护目镜。
10）工作时戴戒指、项链，焊接时不戴面罩。
11）工具用完后，没有整理、清洗。
12）在车间里面吸烟。

2. 不安全的工作环境主要包括的方面

1）在较暗的工作环境下工作。
2）没有立即把流出来的油液擦干净或在车间中存放易燃易爆物品。
3）操作没有安全保护的机器。
4）工作噪声过大。
5）装备的安全条件差。
6）通风条件差，不能很好地排除废气。

二、扭转旋具类工具的分类和作用

1. 扭转旋具类工具的分类

扭转旋具类工具主要包括扳手、套筒、螺钉旋具、专用钳子和其他专用工具等。

2. 扭转旋具类工具的作用

扭转旋具类工具主要用来拧紧或旋松螺栓、螺母和螺钉，或者用来扭转其他带有螺纹的零件。

三、扳手的使用

扳手常用来拧紧或拧松螺栓和螺母。

扳手的类型较多，常见的有呆扳手、套筒扳手、内六角扳手、梅花扳手以及活扳手等，每种类型的扳手都有其特殊的用途。

（一）呆扳手

呆扳手两端带有U形或V形开口，开口具有两个相互平行的面，用于与六角头或方头紧固件的扳手面相配合，呆扳手的开口与手柄之间的夹角通常为15°，以便于翻转和复位。呆扳手的结构如图2-2所示。

1. 呆扳手的用途

1）呆扳手多用于拧紧或拧松标准规格的螺栓或螺母。

项目2 汽车常用工具的使用

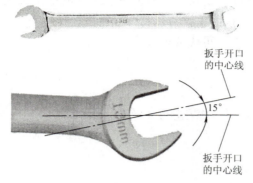

图 2-2 呆扳手

2）呆扳手可以从上、下套入螺母或横向插入，使用方便。

3）呆扳手不可用于拧紧力矩较大的螺栓或螺母。

2. 呆扳手的使用要点

1）呆扳手只能在一个有限的空间中扳动螺栓或螺母，在螺栓或螺母被扳转到极限位置后，再将扳手取出重复原先的过程。

2）扳动扳手的方向应朝胸前，而不应往外推，这样操作更省力，若必须向外推扳手时，应将手掌张开去操作。

3）使用呆扳手对螺栓或螺母做最后拧紧时，加在扳手上的力应根据螺栓拧紧力矩的要求而定，不能太大，否则会导致螺纹滑扣。

4）使用呆扳手时若放置的位置太高，或只夹住螺母头部的一小部分，扳手在使用时会打滑，如图 2-3a 所示。

5）呆扳手的开口端若大于螺母头部两相对平台宽度时，因开口端与螺母的头部接触减少会导致扳手打滑，应在确认扳手和螺母配合好后才能施力，如图 2-3b 所示。

6）错误使用呆扳手造成的后果如图 2-3c 所示。

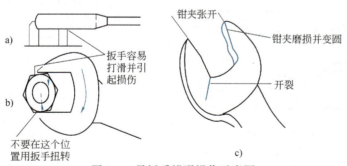

图 2-3 呆扳手错误操作示意图

7）不要将扳手用于非指定用途，如撬动或敲击，如图 2-4 所示。

3. 呆扳手的选择

1）目测螺栓头部平台的宽度，根据宽度选用呆扳手的尺寸。

2）呆扳手的型号选择要适当，若呆扳手的型号选择不当，在使用时可能会产生打滑。

3）在呆扳手上标有使用的尺寸，若扳手上尺寸的单位是毫米，该扳手就为米制型号扳手；若尺寸为英寸，该扳手就为英制型号扳手。

4）一般情况下梅花扳手可代替呆扳手。

（二）梅花扳手

1. 梅花扳手特点

图2-5所示为梅花扳手，梅花扳手具有以下特点：

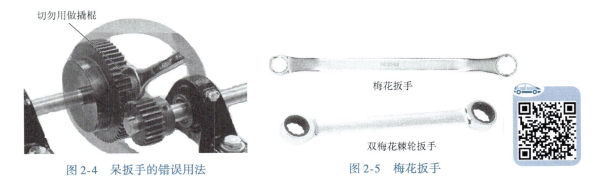

图2-4 呆扳手的错误用法　　　　图2-5 梅花扳手

1）两端是套筒，套筒内孔是由两个相互同心的正六边形错开30°组合而成。

2）使用时，梅花扳手扳动30°后，可更换位置，它适用于狭窄场地的操作。

3）使用时，可将螺栓和螺母的头部全部围住，不易脱落，操作安全可靠。

4）与呆扳手相比，其拧紧或拧松的力矩较大。

5）扳手手柄带有弯曲或角度，使用时可以为手指提供间隙，防止擦伤皮肤，如图2-6所示。

2. 梅花扳手使用注意事项

1）不要使用带有裂纹或已严重磨损的梅花扳手，如图2-7所示。

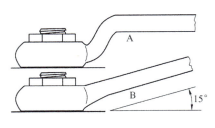 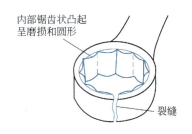

图2-6 带弯曲手柄或角度手柄的梅花扳手　　图2-7 已坏的梅花扳手

2）六边形的梅花扳手比十二边形的梅花扳手更具防滑性。

3）为了防止打滑，在使用梅花扳手之前，要判断螺母尺寸，以决定采用哪种型号的米制扳手或英制扳手。

4）为了安全，要朝胸前的方向拧动梅花扳手（两用扳手），也就是尽可能拉扳手，如果推扳手，当扳手打滑时，可能会使关节受伤，如图2-8所示。

5）不能用加长的管子套在梅花扳手上以延伸扳手的长度进而增大力矩，这样易导致扳手损坏。

6）切勿在正在运转的机器上或其周围使用扳手，如图2-9所示。

图2-8 梅花扳手拧动的正确方向

图2-9 梅花扳手的错误用法

（三）带开口的梅花扳手

该类扳手的一端是梅花端，而另一端是开口端。开口端用于环境条件比较狭窄的地方，其形状如图2-10所示。

图2-10 带开口的梅花扳手

（四）专用扳手

图2-11所示为专用扳手，是为拆卸或安装一些特殊形状的螺栓和螺母而专门设计的。其中C形和S形梅花扳手可用于扳动进气歧管的螺栓和螺母，同时也可用于普通梅花扳手难以接近的地方。

爪型梅花扳手像L形，它同加长杆一起使用，可用来拧紧气缸盖螺栓。

（五）活扳手

1. 活扳手的特点

活扳手具有一个齿条并通过蜗轮与扳手本体相连，活扳手的形状如图2-12所示，其特点如下：

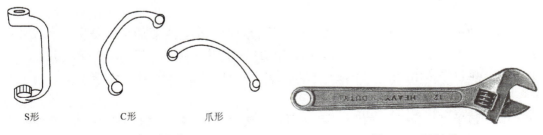

图2-11 专用扳手　　　　　　　　　图2-12 活扳手

1）能在一定范围内任意调节开口尺寸。

2）用于拆装开口尺寸限度以内的螺栓和螺母，特别对用于不规则的螺栓和螺母时，更能发挥作用。

3）可以用于拧紧力矩较大的螺栓和螺母。

4）只能在开口紧固好后才能使用。

2. 活扳手的使用方法

1）将活扳手的活动钳口调整合适，使扳手与螺母或螺栓头两对角边贴紧。

2）使用时应让活扳手钳口的可动部分（可调钳口）受推力，固定部分（固定钳口）受拉力，即应向自己身体方向拉动扳手，其正确操作方法如图2-13所示。

注 意

在选择扳手时，绝不应将活扳手作为首选，当需要很大的力来紧固或松开紧固件时，即使没有适当的固定扳手，也不应使用活扳手，其主要用于轻负荷到中负荷紧固。

（六）扭力扳手

扭力扳手一般用于拧紧有力矩要求的螺栓或螺母。

对一些重要的螺栓或螺母，生产厂家详细规定了力矩值，在拧紧时，需用扭力扳手来达到所需力矩值或校验力矩值。

1. 力矩定义

力矩是指扭力与力臂的乘积，在图2-14中，在1m长的力臂的右端施加1N的力F，这样在臂的另一端就产生了1N·m的力矩。

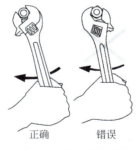

图2-13 扳手的使用

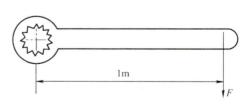

图2-14 力矩

通过改变力臂的长度或增加扭力，可改变力矩大小。力矩的单位是牛·米（N·m）或千克力·米（kgf·m），较小的力矩值也可用牛·毫米（N·mm）来计量。

汽车维修中常用的扭力扳手一般为30kgf·m的规格，其中1kgf=9.8N。

2. 扭力扳手的种类

扭力扳手可分为指针式扭力扳手、可调式扭力扳手、数显式扭力扳手等。其外观结构如图2-15所示。

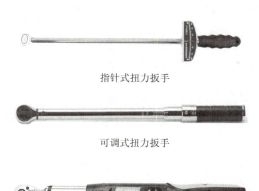

指针式扭力扳手

可调式扭力扳手

数显式扭力扳手

图 2-15 扭力扳手的种类

1）指针式扭力扳手可以把所施力矩用指针读数显示出来。

2）可调式扭力扳手可根据扭力需要预先设置力矩，当所施力矩超过设置力矩时，会自动发出"咔嗒"的响声，如继续施力则自动打滑。

3）数显式扭力扳手也可预先设置力矩，在使用时它可以通过显示屏直接读出力矩大小，当所施力矩达到设置力矩时，它会声光报警。

3. 扭力扳手的使用

1）图 2-16 所示为一把正在使用中的指针式扭力扳手，在其手柄处有一刻度盘，该刻度的单位是 N·m，同时还有一个指针，当施加力时，手柄与指针会错开一个角度，从而显示出力矩值。

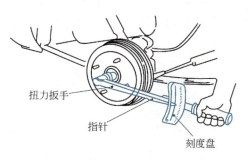

图 2-16 使用指针式扭力扳手来拧紧一个车桥螺母

注 意

使用扭力扳手时不允许有外接加长装置。

2）可调式扭力扳手由主刻度和微分筒刻度组成，力矩的大小由主刻度上的读数加上微分筒上的读数确定。如图 2-17 所示，第一个扭力扳手主刻度上的读数为 20 N·m，微分筒上的读数为 0 N·m，二者相加其力矩大小为 20 N·m。第二个扭力扳手的读数为 80 N·m + 0 N·m = 80 N·m，第三个扭力扳手的读数为 80 N·m + 6 N·m = 86 N·m。

可调式扭力扳手在使用之前应先确定适当的扭力值，使用时如图 2-18 所示，先下滑锁定环解锁，转动手柄调节扭力到事先确定的扭力值，然后上滑锁定环进行锁定，之后将扳手的驱动端放在紧固件上，转动扭力扳手，当发出"咔嗒"声后停止拉动扳手，以防止力矩过大。

3）数显式扭力扳手的使用方法与可调式扭力扳手类似，其读数直接从显示屏上读出，更简单易用。

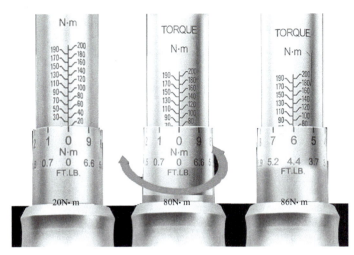

图 2-17 可调式扭力扳手的读数

(七) 内六角扳手

1. 内六角扳手的用途

内六角扳手如图 2-19 所示,主要用于扳动内六角头螺栓,比如带轮上的螺栓以及自动变速器调节装置上的内六角头螺栓。

图 2-18 可调式扭力扳手的锁定和解锁　　　　图 2-19 内六角扳手

内六角扳手形状有 L 形和 T 形两种,L 形内六角扳手的短端适用于狭窄区域,长端用作手柄,可以提供更大的紧固力。T 形内六角扳手提供较长的触及距离,同时提供更大的紧固力,但不能用于紧固上方有障碍物的紧固件,如图 2-20 所示。

2. 使用方法

1) 选取合适的内六角扳手对正内六角头螺栓孔后加力即可。

2) 内六角扳手的选取应与螺栓内六方孔相适应,不允许使用套筒等加长装置,以免损坏螺栓或扳手。

(八) 扳手尺寸的确定

扳手的尺寸是根据螺母或螺栓头的尺寸来确定,该尺寸为螺栓或螺母头部的一个侧

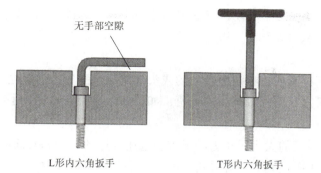

图 2-20 内六角扳手的使用

面到另一侧面的长度,如图 2-21 所示。

米制扳手用毫米标识,常用的扳手尺寸有 6mm、7mm、8mm、10mm、12mm、14mm、17mm、19mm 等,一套米制扳手的尺寸范围是 6~32mm,以 1mm、2mm 或 3mm 为一级。

采用 SAE(美国汽车工程师学会)标准的扳手是用分数形式的英寸(in,1in = 25.4mm)来标识的,一套英寸扳手的尺寸范围是 1/4~1in,以 1/16in 为一级。

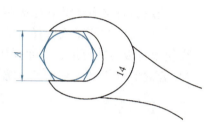

图 2-21 扳手的尺寸

注:A 是横跨螺母或螺栓头对边的尺寸

四、套筒

套筒呈短管状,使用时套在螺母上,它和一个可拆卸的手柄一起使用。套筒的一端呈六角或十二角形状,用来套螺栓头,另一端呈正方形,主要用来与拆卸手柄配合。常见的六角和十二角套筒形状如图 2-22 所示。

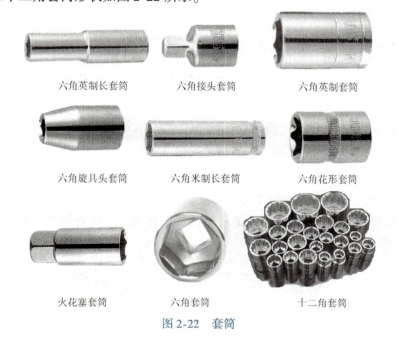

图 2-22 套筒

选择套筒的大小由方形驱动头和它要与之配合的紧固件的尺寸确定,常用的方头规格有6.3mm、10mm、12.5mm、19mm(1/4in、3/8in、1/2in、3/4in)等不同的系列。

1. 套筒用途

套筒主要用于拧紧或拧松扭力较大的或头部制成特殊形状的螺栓和螺母。如果套筒加上万向接头,可用于空间较狭小的场所;如果加上摇柄或棘轮扳手可提高工作效率。

2. 使用方法

1)根据工作空间的大小、扭力的要求,选用合适的手柄和套筒进行作业。

2)使用时左手捏住套筒与螺母连接处,右手握住手柄加力。

3. 使用注意事项

1)使用套筒时不要使用出现裂纹或已损坏了的套筒,这种套筒会引起打滑或伤人。

2)使用套筒时要正确选择套筒型号(米制型号或英制型号),若选择不正确的套筒,在使用时极可能打滑,从而损坏螺栓。

3)套筒的选用必须与螺栓、螺母的形状及尺寸相适应。

五、套筒手柄

图2-23所示为各种形状的套筒手柄,它可装于套筒上,用于扳动套筒。

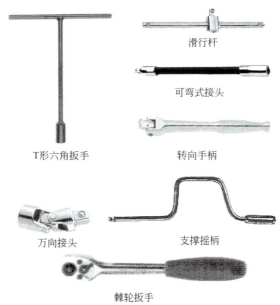

图2-23 套筒手柄及附件

在使用套筒手柄时应注意以下几点要求:

1)不要使用棘轮扳手对螺栓或螺母进行最后拧紧,这样会导致棘轮扳手的棘轮机构损坏,如图2-24所示。

图2-24 用棘轮扳手拧螺栓

2）在拧紧一些空间比较狭小、深度比较深的螺栓时，若套筒长度不够，可在棘轮扳手上加一个延长杆，然后再接套筒使用，如图 2-25 所示。

3）使用扭力扳手时，应将扳手朝着自己的方向拧动，这样相对比较安全，如图 2-26 所示。

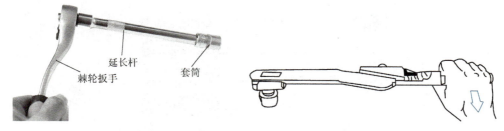

图 2-25　加了延长杆的棘轮扳手的使用　　图 2-26　加套筒的扭力扳手

4）对一个零件上有很多需紧固的螺栓情况，在选择拧紧螺栓时，要注意拧紧次序，要在零件上形成均匀的压力，一般的拧紧方法是从中间开始，周边结束。

5）在拧紧圆圈排列的螺栓过程中，正确的方法如图 2-27 所示，应使用交叉的次序，这样可防止零件扭曲变形。

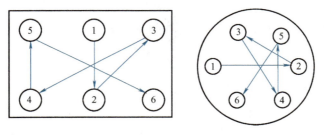

图 2-27　两种简单的螺栓拧紧次序

 注　意

如果从边缘开始拧紧螺栓，那么中间的那个螺栓就有可能不能完全拧紧，如图 2-28 所示。

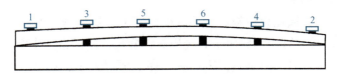

图 2-28　从平盘边缘开始拧紧螺栓的效果图

六、螺钉旋具

1. 螺钉旋具形状

图 2-29 所示为各种不同型号的螺钉旋具，其刀杆的长度和端头各不相同。其中一

字螺钉旋具用于单个槽的螺钉，十字螺钉旋具用于带十字槽头的螺钉或沉头螺钉，汽车车身上的许多螺钉都是十字槽螺钉。套筒螺钉旋具是用于手动紧固或松开六角头紧固件的工具，它与一字或十字螺钉旋具具有相同的基本结构，但头部是一个六角套筒，有不同的尺寸。

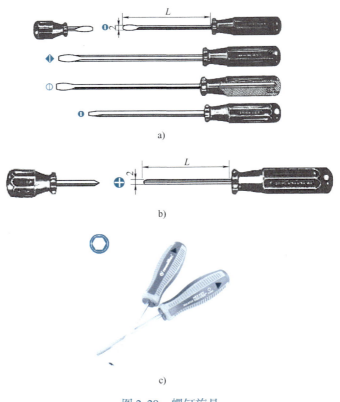

图 2-29　螺钉旋具
a）一字螺钉旋具　b）十字螺钉旋具　c）套筒螺钉旋具

弯头螺钉旋具有两个相互垂直的短刃，如图 2-30 所示。使用弯头螺钉旋具每旋转四分之一圈（90°），可交替使用刃口。

图 2-30　弯头螺钉旋具

2. 螺钉旋具的使用

1）使用时，右手握住螺钉旋具，手心抵住柄端，螺钉旋具与螺钉同轴心，压紧后用手腕扭转；拆卸时螺钉松动后用手心轻压螺钉旋具，用拇指、中指、食指快速扭转。

2）使用时，将螺钉旋具垂直，刃口应与螺钉槽口大小、宽窄、长短相适应。使用太小或太大的刃口，螺钉旋具可能会滑动并导致紧固件或零件损坏，并可能会造成人身伤害。为了使螺钉旋具和螺钉槽很好地配合，使用前要清除螺钉槽里的油漆和脏物。

3）如果螺钉旋具的头部太厚，则不能落入螺钉槽中，如果螺钉旋具的头部太薄，使用时头部容易扭曲，如图 2-31 所示。

4）切勿在衣兜中携带螺钉旋具，它可能会使人受伤或损坏衣物。

3. 螺钉旋具的维护

1）螺钉旋具的刃口必须正确地磨削，刃口的两边要尽量平行，如图 2-32 所示。如果刃口成锥形，当转动螺钉旋具时，刃口极易滑出螺钉槽。

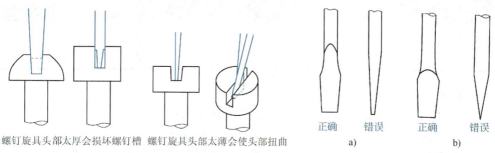

图 2-31　使用螺钉旋具时易出现的问题　　　图 2-32　螺钉旋具刃口形状

2）螺钉旋具的头部不要磨得太薄或磨成除方形外的其他形状。

3）在砂轮上磨削螺钉旋具时要特别小心，它会因为过热，使螺钉旋具的刃口变软。在磨削时，要戴上护目镜。

4）如果一只手紧握螺钉旋具，另一只手紧握工件，当操作时，螺钉旋具易滑动，容易把手凿伤，因此要把工件固定后，再操作螺钉旋具，错误做法如图 2-33 所示。

5）保持手柄无油脂，以防手从手柄上滑脱，造成伤害。

6）不要把螺钉旋具当成錾子、钻孔器或撬棍使用，会使手柄或杆变形。

七、撬棍

1. 撬棍的用途

图 2-34 所示为两种类型的撬棍，图中撬棍的一端有一个套筒，用于拆装车轮螺母；在另一端是一根撬杆，用于撬动旋转件或撬开结合面，也可用于工件的整形，它是汽车工具箱中的普通工具。

图 2-33　错误做法

图 2-34　撬棍

2. 撬棍的使用方法

将撬棍稳定地支撑于某一位置，加力使之转动或撬起。

3. 使用注意事项

1）撬棍不能代替铜棒使用。

2）撬棍不可用于软材质界面结合处。

完成学习工作页

学习工作页　扭转旋具类工具的使用					
学生姓名		班级		学号	
日期		开始时间		结束时间	

1. 任务

1）将各类手动工具从工具箱中取出，并正确地放回原处。

2）使用呆扳手、梅花扳手、活扳手旋紧或旋松螺母。

3）测量螺母的尺寸，根据不同的螺母选择米制或英制呆扳手、梅花扳手。

4）使用扭力扳手将一螺母旋至 150N·m。

5）使用内六角扳手拆装螺栓。

6）使用套筒和棘轮扳手拧螺母。

7）根据螺钉的情况，选择正确的旋具。

8）到工具房内辨认所学的所有扭转旋具类工具，并说出其用途。

2. 目的

学会正确使用各种扭转旋具类工具。

3. 准备工作

1）装满各种工具的工具箱。

2）各类呆扳手、梅花扳手、活扳手、扭力扳手、内六角扳手等工具，带多个不同型号螺母的零件。

3）棘轮扳手、各类套筒及套筒手柄，测量用工具等。

4. 请回答下列问题，若有困难请向老师寻求帮助。

（1）使用扳手时，如果扳手和工件配合不好会带来什么后果？

（2）列举出引起套筒在螺栓上产生打滑的两个原因。

（3）如果使用棘轮扳手来对螺栓进行最后拧紧可以吗？为什么？

（4）六边形和十二边形梅花扳手哪种更具防滑性？

（5）说出当拧紧一个螺栓时，扳手拧动的方向。

（6）为什么梅花扳手的手柄要带有弯度或角度？

（7）在一个螺栓分布如图 2-35 所示的零件上标明螺栓拧紧顺序。

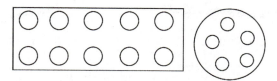

图 2-35　螺栓分布

（8）如果使用刃口太薄的螺钉旋具，将会怎样？
_____

（9）如果一只手拿住工件，另一只手操作螺钉旋具将会怎样？
_____

（10）当磨削螺钉旋具的头部时，如果头部过热，头部会发生什么样的变化？
_____

指导教师评语

_____
_____
_____

教师签字：_____　　　　　　日期：_____

任务 2　钳子和夹紧类工具的使用

学习目标

学完本任务后，应能做到：识别、选择及正确、安全地使用、保养钳子和夹紧类手动工具。

学习信息

在汽车维修中，往往需要对零部件进行夹紧或固定，对零部件的固定可使用各种各样的工具，主要包括钳子、台虎钳、手虎钳、针钳、老虎钳、夹钳和各类夹具等。

一、钳子的使用

钳子的种类很多，如老虎钳、尖嘴钳、鲤鱼钳、斜口钳、卡簧钳等，其中在汽车上常用的是鲤鱼钳和尖嘴钳，图 2-36 所示为几种常见的钳子。

1. 钳子的用途

钳子常用于弯曲小金属材料，夹持扁形或圆形小工件，剪切金属丝等。

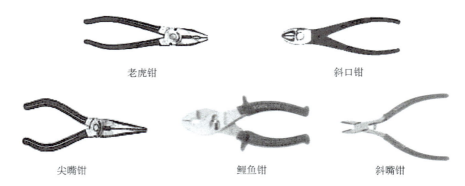

图 2-36 用于夹紧和剪切的各种钳子

2. 钳子的使用方法

用手握住钳柄后端，使钳口开闭夹紧；在使用鲤鱼钳夹持较大工件时，可以放大钳口。

3. 使用钳子的注意事项

1）不可用钳子代替扳手来拧紧或拧松螺栓或螺母，以免损坏螺栓和螺母头部棱角。

2）不可用钳子柄当撬棍使用，以免使之弯曲、折断或损坏。

3）使用尖嘴钳时，不可用力太大，否则钳口头部会变形，轴会松动。

4）不要在带电导线上使用钳子，不要在运行的机器附近使用钳子。

4. 特殊钳子的使用

（1）卡簧钳　卡簧钳是用来拆卸和安装卡簧的，而卡簧（或弹性挡圈）是装在轴或孔的卡簧槽里。

卡簧钳有轴用和孔用之分，如图 2-37 所示。轴用卡簧钳用来将卡簧胀开以便将卡簧从轴上拆下；而孔用卡簧钳则是将卡簧收缩，以便拆下卡簧。卡簧钳有直嘴和弯嘴两种形式。

图 2-37　轴用和孔用卡簧钳

（2）多位钳　图 2-38a 所示为多位钳，它的手柄一般较长，通过调整其槽孔中枢轴的位置，可改变开口端的开口尺寸。

多位钳主要用来夹持、弯曲和扭转工件，使用时不能把它当成扳手使用，因为锯齿状钳爪会将螺栓或螺母的棱角损坏。

（3）大力钳　图 2-38b 所示为大力钳，它有双杠杆作用，能通过爪子给工件施加较大的夹紧力；钳爪的开口尺寸可通过手柄末端的螺钉来调节。

 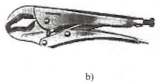

图 2-38　多位钳和大力钳

a）多位钳　b）大力钳

（4）管钳　如图 2-39 所示，管钳主要用于扳动管状零件。管钳的头部可根据使用情况做调整，管钳头部爪子的表面做成锯齿形以便抓紧管子。

图 2-39　管钳

使用管钳时要小心，否则锯齿会损坏管子表面或留下划痕。

二、常用夹紧装置的使用

1. 台虎钳

图 2-40 所示为台虎钳。

（1）台虎钳的用途　台虎钳常用于夹持需要拆解或装配的零部件，用来夹持需进行锯、锉、錾等加工的零件。

用台虎钳夹持零件时为了避免零件的表面划伤或损坏，要将台虎钳的钢爪用铜罩或其他软金属包覆，此时台虎钳卡爪称为柔性卡爪。

（2）使用台虎钳的注意事项

1）不要使用存在隐患的台虎钳。

2）应将工件夹在台虎钳卡爪的中央，如图 2-41 所示。

 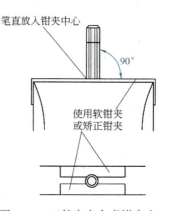

图 2-40　台虎钳　　　图 2-41　工件夹在台虎钳中央

3）不要敲击台虎钳的卡爪和滑座，若卡爪损坏应及时更换，夹持物体时，要防止夹紧物滑动。

4）为了保护工件的表面，可以使用柔性卡爪。

5）卡爪夹紧工件时，要求两个夹紧面同时受力。

注 意

进行现场实作时一定要穿戴专用的防护服和鞋子。

2. 弓形夹

弓形夹又称为 G 形夹，如图 2-42a 所示。当需要将多个零件用于组装、钻孔或焊接时，可以使用弓形夹把它们固定在一起，这样可以保证两工件位置的准确。

3. 钳工夹

图 2-42b 所示为钳工夹，它主要用于夹持小零件，比如钳工在划线或放样过程中使用它将零件固定起来。

4. 手虎钳

图 2-42c 所示为手虎钳，这是一种小夹具，主要用来固定小零件或者用于夹持薄形零件。它可以拿在手中，也可以夹在台虎钳上。手虎钳钳口的最大张开度约为 25mm。

a) b) c)

图 2-42 常用夹紧装置
a）弓形夹 b）钳工夹 c）手虎钳

5. 针钳

图 2-43 所示为针钳，针钳主要用于夹持钢针或直径很小的钻头。转动针钳的滚花端，针钳爪子就能张开或闭合。

6. 钻头夹头

图 2-44 所示为两种形式的钻头夹头，一种为轻型钻头夹头，一种为重型钻头夹头。

轻型　　　　　　　重型

图 2-43 针钳　　　图 2-44 钻头夹头

钻头夹头主要用于夹固钻头。轻型夹头可以通过转动滚花套筒进行调节，重型夹头则要求使用钥匙来拧紧或松开。夹头一般同钻床和车床一起使用。

7. 胀管器

图 2-45 所示为胀管器，主要用于制作管子的喇叭口。

胀管器的扩口处有很多孔，使用时将各种尺寸的管子穿入孔中，拧紧蝶形旋钮，然后将圆锥头向下拧入管子端头迫使它扩大或扩张。扩出的孔形状是锥口形，便于同圆锥头相配合。

图 2-45　胀管器

 完成学习工作页

学习工作页　钳子和夹紧类工具的使用					
学生姓名		班级		学号	
日期		开始时间		结束时间	

1. 任务

1）使用卡簧钳在孔内或轴上安装、取下卡簧。
2）对多位钳的夹持端进行位置调整。
3）使用大力钳夹持工件。
4）使用台虎钳夹紧工件。
5）使用管钳拆卸管状螺纹。
6）对弓形夹、钳工夹、手虎钳、针钳、钻头夹头进行使用练习。
7）使用胀管器制作管子的喇叭口。
8）到工具室认识各类钳子和夹紧类工具，并说出它们的用途。

2. 目的

学会正确使用各种钳子和夹紧类工具。

3. 准备工作

1）多位钳、大力钳、各类卡簧钳、弓形夹、钳工夹、手虎钳、针钳、钻头夹头。
2）台虎钳，各类硬质、软质工件。
3）装有内、外卡簧的工件。
4）胀管器、各类直径的金属管。

4. 请回答下列问题，若有困难请向老师寻求帮助。

（1）为什么不能用钳子代替扳手拧紧和拧松螺栓或螺母？

（2）使用台虎钳柔性卡爪的目的是什么？

_____
_____

指导教师评语

_____
_____
_____

教师签字：_____　　　　　　　　　日期：_____

任务3　錾削、击打、切割类工具的使用

 学习目标

学完本任务后，应能做到：识别、选择及正确安全地使用、保养錾削击打切割类工具。

 学习信息

錾削是用锤子敲击錾子对工件进行切削加工的一种方法。錾削的主要作用是去除凸缘、毛刺、分割材料、錾油槽等，錾削的常用工具是錾子。

击打的主要工具是各种锤子、冲头等，而切割工具主要是铁皮剪、断线钳、切管器、切边刀等。

一、錾子的使用

1. 錾子形状

錾子有不同的形状，如图2-46所示。其中平头錾子（包括宽錾、窄錾）用得最多，而油槽錾用于特殊场合，如在角落里或其他不便接近的地方开槽和修平等。

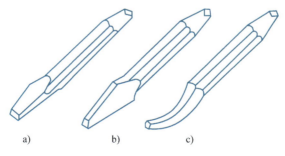

图2-46　錾子的种类
a）宽錾　b）窄錾　c）油槽錾

图 2-47 所示为填装錾子，这种錾子主要用于在垫片或薄金属（如铜皮或铁皮）板上开孔。使用时，应把待錾的对象放在木板或铅块上，用锤子快速锤击。填装錾子有多种规格，可用于开各种直径的孔。

2. 錾子的使用方法

1) 錾子通常是用左手抓持，与工件表面成约 30°的角度。使用时不要将錾子握得太紧，否则不利于锤击后錾子回弹。使用过程中，眼睛要看清錾凿的位置，同时用余光看准錾子头，锤子对准錾子头平稳地进行锤击，如图 2-48 所示。

图 2-47 填装錾子

2) 平头錾子可用来切断铆钉头或锈蚀了的螺栓头，其方法是手持錾子，并以一个适当的角度对准铆钉头或螺栓头的下部进行錾切。

3) 要錾切厚度为 4mm 左右的钢板，可将薄钢板垂直地夹在台虎钳上，錾子角度与水平面成 30°；錾切时切口要紧贴钳口，从工件的边缘开始，錾子应沿着台虎钳卡爪的方向运动，不断地錾削金属。

3. 錾子的维护

当錾子头部被锤打成蘑菇状时，应该及时用砂轮进行修磨，以去掉翻卷的金属边和毛刺，如图 2-49 所示。在用砂轮进行修磨时要注意防止铁屑飞溅伤人。

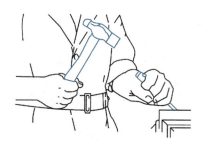

图 2-48 錾子的正确使用

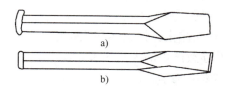

图 2-49 錾子的修磨
a) 需要磨削的錾子　b) 磨削后的錾子

二、击打类工具的使用

1. 锤子的使用

（1）锤子种类　锤子的种类如图 2-50 所示。锤子主要用于敲击工件，使工件变形、移位、振动以及用于工件的校正、整形等。常见的锤子主要有圆头锤、大锤、软面锤、直锤等。

1) 圆头锤。这是维修中经常使用的工具，锤子的平头用来锤击冲头和錾子，圆头用于铆接和锤击垫片。

2) 直锤。这种锤子的头部为楔形，用于圆头锤不便接近的角落。

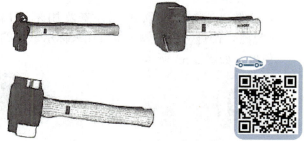

图 2-50 各种类型的锤子

3）大锤。大锤用于重型击打，在汽车维修中用得并不普遍。

4）软面锤。软面锤主要用于击打不允许留下痕迹或损坏的零部件。当装配汽车零部件时，就要使用软面锤。

软面锤的头部是用橡胶、塑料做成，内部装有铅、黄铜或纯铜以增加惯性，如图2-51所示。

(2) 锤子的使用方法

1）敲击时，右手握住距锤柄后端约10mm处，握力适度，击打时眼睛要注视工件，而不能注视锤子。

2）挥锤方法有三种：手挥、肘挥、臂挥。

3）锤头应平整地击打在工件上，不得歪斜，防止破坏工件表面形状。

图2-51 软面锤

(3) 使用锤子的注意事项

1）手柄应安装牢固，用楔子塞牢，防止锤头飞出伤人。检查锤子手柄是否松动、裂开或断裂以及锤子的表面是否损坏。

2）使用外表已损坏了的锤子是很危险的，当击打时，锤上的金属可能会飞出伤人。

3）两个锤子不能互相敲打，否则会造成金属剥落而飞出！

4）拆卸零部件时，禁止直接锤击配合表面及易损部位，以防出现表面损坏。

5）使用锤子时，应紧握手柄的末端，这样击打时更省力，如图2-52所示。

6）应擦净手上及锤柄上的汗渍或油污，以防锤子滑脱伤人损物。

7）切勿敲击脆性物体和危险碎片，可能会飞出并导致严重的人身伤害。

图2-52 锤子的正确握法

2. 铜棒的使用

铜棒主要用于敲击不允许直接锤击的工件表面，不得用力太大。使用时一般和锤子共用，一手握住铜棒，将其一端置于工件表面，一手用锤子锤击铜棒另一端。

3. 冲头的使用

冲头的种类有中心冲、起动冲、销冲、针孔冲、方冲等多种形式，主要用来冲出（脱离）铆钉、销子等，也可用来标示钻孔的位置，如图2-53所示。

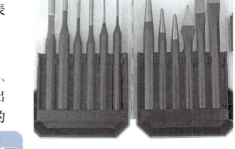

图2-53 中心冲和各式各样的销冲

注 意

冲头不能代替锤子或当撬棍使用。

(1) 中心冲　它主要用于标示要钻孔的位置及导向，也可用于零件拆卸前对其做标记，通过标记拆下的零件，可便于重新安装。

(2) 起动冲　它的头部呈锥形，主要用于松动销钉，起动冲与销冲相比不易折弯。

(3) 销冲　销冲有各种不同的直径，可用于把铆钉或销钉从孔中冲出，如图 2-54 所示。销冲的柄部呈六边形，也有呈圆形的。在汽车维修厂里，常用销冲的直径范围为 3～12mm。

(4) 针孔冲　这种冲子类似于中心冲，其头部更尖，用于切割划线或锉削、做标记等。

(5) 方头冲　这种冲子头部和柄部均为方形，常用于取断头螺栓。其方法是先用电钻在断螺栓中钻孔，然后将方头冲打入，卡住螺纹内孔，然后用扳手慢慢将断头螺栓扭出。

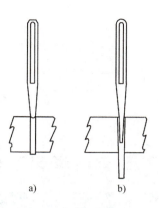

图 2-54　起动冲和销冲的工作原理
a) 用起动冲松动销钉
b) 用销冲拆除销钉

三、剪切类工具的使用

1. 铁皮剪

铁皮剪如图 2-55 所示，主要用于切割金属板材或其他的薄料。

2. 断线钳

断线钳用于切断小螺栓和金属杆，其外形如图 2-56 所示。

3. 切管器

切管器如图 2-57 所示，它主要是用于切断管状物，如燃油管、水管等。使用时把切管器固定在要被切割的管子上，然后让切管器围绕管子旋转，并逐渐旋紧切割刀片，一直到切断管子为止。

图 2-55　铁皮剪

图 2-56　断线钳

图 2-57　切管器

4. 切边刀

切边刀如图 2-58 所示，它主要用于切割边角余料，如对衬垫材料和密封材料进行修边，切边刀的刀片可以更换。

5. 开孔器

开孔器如图 2-59 所示，它可用来在钢板或其他薄板材料上开孔。开孔器前端有一个中心钻头，在开孔时起导向、固定作用。

汽车维修常用工具及设备使用 第2版

图 2-58 切边刀

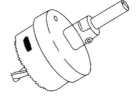

图 2-59 开孔器

 完成学习工作页

学习工作页　錾削、击打和切割类工具的使用			
学生姓名		班级		学号	
日期		开始时间		结束时间	

1. 任务

1）使用圆头锤和软面锤锤打工件。

2）使用冲头取出螺孔中的断头螺栓。

3）使用錾子錾切一块厚度为4mm的钢板，要求切口平整，成一条直线。

2. 目的

学会使用錾削、击打和切割类工具。

3. 准备工作

1）圆头锤、软面锤和工件。

2）錾子、冲子、螺孔中带断头螺栓的工件、4mm厚的钢板。

 指导教师评语

————————————————————————————————
————————————————————————————————

教师签字：_____　　　　　日期：_____

任务4　锯削和锉削类工具的使用

 学习目标

学完本任务后，应能做到：识别、选择及正确安全的使用、保养锯削和锉削类手动工具。

学习信息

锯削和锉削类工具主要包括钢锯、锉刀等。

锯削是指用锯对材料或工件进行切割或切槽等加工方法，在汽车维修行业中常用的锯削工具是钢锯。

一、钢锯

1. 钢锯的结构和锯条的选择

常见钢锯如图 2-60 所示。钢锯是一种用于切割金属的特殊类型锯子。它是由锯弓和锯条组成，锯条可以更换，锯弓可以调节，以适应各种锯条的长度。

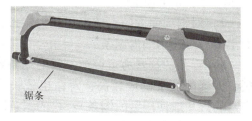

图 2-60　钢锯

不同锯条的锯齿数和锯齿粗细各不相同，使用时要根据工件形状和锯削要求选择不同齿数和不同粗细的锯条，图 2-61 所示为切割不同形状的工件所选用的锯条。

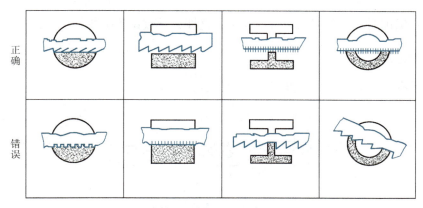

图 2-61　切割不同形状的工件时锯条的选择

2. 钢锯的使用方法

1）当使用钢锯时，要采用感觉舒适的姿势，否则会很快疲劳，同时要注意经常休息。

2）被锯削的工件装夹要平稳，如图 2-62 所示。

3）使用时应先从工件棱边倾斜锯削，然后再转向平面直线锯削，否则锯齿易被折断。

4）锯削时戴上护目镜，因为锯末可能四处飞溅。

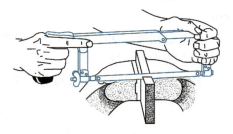

图 2-62　工件装夹平稳

5）锯削快完时，要减缓锯削速度，否则会弄断锯条，使手受伤。

注　意

1）不要反向安装锯条，正确安装方法如图 2-63 所示。

2）不要敲打锯条，锯条易损坏。

6）对于锯削表面要求高的，选用每英寸 32 个齿的锯条，对于表面要求低的可以选用每英寸 24 个或 18 个齿的锯条。

7）对锯削面大的，应选用粗齿锯条；锯削面小的，应选用细齿锯条。

8）锯条的预紧力可调节，紧的锯条容易断裂，但锯削的准确度较高，寿命也较长（经验丰富的人一般使用紧的锯条）；松的锯条即使在恶劣的工况下也不容易断裂。

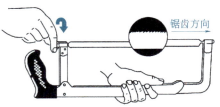

图 2-63 锯条的正确安装

9）经过锯削之后，要重新调节锯条预紧力。

10）锯削工件一般以 1min 大约 60 次为宜。锯削时要尽可能使用整个锯条，在向前推锯弓时，要平稳地移动钢锯并均匀用力，在回程时轻轻地抬起锯弓以避免磨损锯齿背部。

11）在锯削时，不要扭曲或弯折锯条，这样会导致锯条折断。

二、锉刀

锉刀是有大量切削齿的切削工具，如图 2-64 所示。

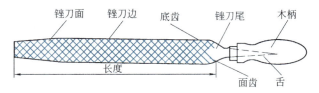

图 2-64 典型锉刀结构

锉刀的锉纹有不同的类型，锉纹是指在锉刀表面加工出的切纹，这些切纹构成了锉齿。

锉刀根据锉纹间距的大小可分为粗纹锉和细纹锉两种，锉纹间距较大的为粗纹锉，间距较小的为细纹锉。锉齿越粗，锉刀每一行程锉下的金属就越多。

锉刀根据锉纹的多少又可分为单纹锉和双纹锉两种，如图 2-65 所示。

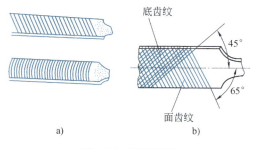

图 2-65 锉刀种类
a）单纹锉 b）双纹锉

锉刀的断面有多种形式，适用于不同切面的金属表面加工。如图 2-66 所示，常见的有平锉、三角锉、方型锉、半圆锉和圆锉等。

锉刀的柄脚安装有手柄，如图 2-67 所示，手柄通常是木制的。

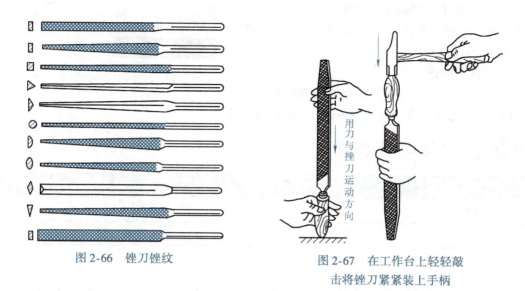

图 2-66　锉刀锉纹

图 2-67　在工作台上轻轻敲击将锉刀紧紧装上手柄

1. 锉刀的选择

1) 锉刀的断面形状应根据被锉削工件的形状来选择，两者的形状应一致，如图 2-68 所示。

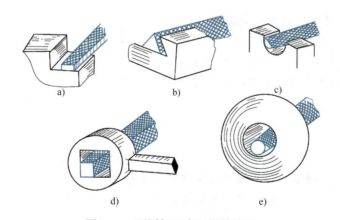

图 2-68　不同加工表面用的锉刀

a) 扁锉　b) 三角锉　c) 半圆锉　d) 方锉　e) 圆锉

2) 粗纹锉用作粗加工，它们能快速地锉去金属，但是在金属表面留下了粗大的锉痕，这些痕迹必须再用细纹锉锉掉。

2. 锉刀的使用

锉削时被锉的工件必须紧固，小的工件可以固定在台虎钳上，台虎钳应当使用软钳口，以保护工件免于受损。

锉刀有横锉和刮锉两种使用方法。

(1) 横锉　横锉时，向前锉削的行程应该平稳，两只手要端平锉刀并均匀用力。

在锉刀返回时,应该减小加在锉刀上的压力,让锉刀在工件上轻松滑动。

(2) 刮锉 刮锉是一种精加工,刮锉时,锉刀要平放在工件上,横向拖拉,回程时不要抬起锉刀。

3. 锉刀维护

锉刀使用完后,需用钢丝刷清理锉齿。钢丝刷是一种装有短钢丝的特殊刷子,如图 2-69 所示。

图 2-69 用于清理锉刀的钢丝刷

完成学习工作页

学习工作页 锯削和锉削类工具的使用				
学生姓名		班级		学号
日期		开始时间		结束时间

1. 任务

1) 使用一把钢锯和若干锯条,在教师的指导下锯削直径为 50mm 以上的钢管,要求正确选用锯条完成切割且切口应平直不能有台阶。

2) 使用锉刀锉削金属块表面,要求锉削的金属块表面光滑平整,使用直角尺进行检测,直角尺不能透光,表面无明显锉痕。

2. 目的

学会正确使用锯削和锉削类工具。

3. 准备工作

1) 一根直径不小于 50mm 的排气管或钢管。

2) 钢锯、各种尺寸的锯条、一个直角尺、金属块。

3) 各类锤子、锉刀。

4. 请回答下列问题,若有困难请向老师寻求帮助。

(1) 锯削时,为什么说采用一种舒适的姿势是很重要的?

(2) 预紧力大的锯条容易断裂还是预紧力小的容易断裂?

(3) 当工件快锯完时,为什么要减慢速度?

(4) 如果锯削表面要求较高,应如何选用锯条?

指导教师评语

_____

_____

教师签字：_____　　　日期：_____

任务5　钻削和铰削类工具的使用

学习目标

学完本任务后，应能做到：识别、选择及正确安全地使用、保养钻削和铰削类手动工具。

学习信息

钻孔用的常用工具是钻头，铰孔用的常用工具是铰刀。钻头装在手摇钻、轻便电钻或台钻上使用，最常见的钻头是麻花钻头。铰刀可用来对已经钻过的孔做精加工，使其符合尺寸要求。

一、钻削类工具的使用

钻削类工具主要包括麻花钻、中心钻、沉头钻等。

1. 麻花钻

麻花钻钻头由三个主要部分组成，如图2-70所示，即刀尖、钻身和钻柄组成。

1）刀尖为锥形表面，使用时必须磨到正确的角度，这样钻头在切削时才轻便。

2）钻身有两个排屑槽，它围绕着钻身呈螺旋状。排屑槽为被钻金属的碎屑提供了一个卷缩和排出的通道，它还便于润滑油流动到切削刃。

3）钻头柄部呈圆柱形或锥形，如图2-71所示便于固定在夹头中。

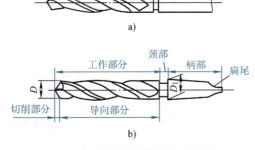

图2-70　麻花钻钻头的组成部分

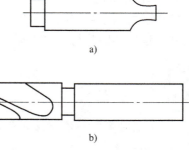

图2-71　钻头钻柄

2. 中心钻

中心钻是一种组合钻头，可以同时钻定位孔和锥孔。

3. 沉头钻

沉头钻用于加工锥孔，以便安装沉头螺钉或铆钉，如图 2-72 所示。

4. 钻头的两个角度

（1）切削角　它是切削刃或刃口的角度，如图 2-73a 所示。一般情况下，切削刃同钻头轴线的夹角应为 60°或者两刃之间的夹角为 120°。

（2）后角　如图 2-73b 所示，后角一般为 12°~15°，若此角太大，钻头的强度会降低，刀刃会容易碎裂。

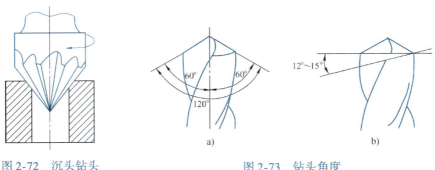

图 2-72　沉头钻头

图 2-73　钻头角度
a）切削角　b）后角

5. 钻头的磨削方法

1）对于尺寸较小的钻头来说，用双手的大拇指和两个指头轻轻地握住钻头，一只手握住钻头的柄部，另一只手朝着其刀尖的方向支撑着钻身。

2）钻头保持水平，让刀尖朝着砂轮的正面，让钻头的轴线同砂轮的中心线成 60°角。

3）将其中一个刀刃与砂轮表面平行，用手转动钻头直到该刀刃处于水平位置，该位置即为磨削开始点。

4）磨削钻头时，必须不停地转动钻头，每次转动大约四分之一圈，以便在钻头头部形成球面，与此同时要保持钻头与砂轮表面成 60°角。

5）磨削头部过程中要降低钻头的柄部位置，从而得到 12°~15°的后角。

6）按照上述要求对钻头的其中一侧刀刃磨削 2~3 次，然后将钻头旋转 180°，再用同样方法磨削钻头另一侧刀刃。

　注　意

1）磨削时要随时检查切削角和后角的角度是否正确，同时，还要检查切削刃的长度是否两侧一致。

2）磨刀刃处应沾水冷却，避免刀刃退火。

6. 钻头转速的选择

钻头的转速可用"r/min（每分钟转数）"来表示。钻头的圆周速度可用"m/min（每分钟米数）"来表示。

维修中，主要使用的是轻便电钻和小型台钻，钻速选择的一般原则如下：

金属越硬，转速越低；钻头直径越小，转速越高。在实际钻削过程中，先给钻头选择一个适度的转速，再对钻削的情况做检查，根据检查情况，可考虑将转速提高或降低。

7. 钻头进给率的选择

钻头进给率就是钻头旋转一圈钻进工件的距离，钻头进给率取决于钻头的尺寸和被加工材料的类型。

小型钻床和轻便电钻，采用手动进给，进给量与操作人员所用的力有关，操作人员要按钻头的尺寸和钻削的情况来加力或减力。

8. 钻削时的润滑

钻头在钻削工件时需要使用润滑液，润滑液能防止钻头磨损和过热变软，有助于提高加工表面的粗糙度。表 2-1 列出了常见材料所应选择的润滑液。

表 2-1 钻削常见材料应选择的润滑液

金 属	润 滑 液
铸铁	（无须润滑）
黄铜和磷青铜	（无须润滑）
低碳钢	水溶性油
高碳钢	水溶性油
铜	煤油
铝	水溶性油、煤油

9. 钻孔的操作步骤

（1）一般类型孔的钻削步骤

1）使用划线针划线来确定孔中心的位置。

2）使用中心冲冲出中心。

3）将钻头的刀尖对准冲出的中心开始钻削。

4）直径为 10～12mm 以上的孔要分两次钻，第一次用直径 6～8mm 的钻头，第二次才用所需钻孔直径钻头。

5）如钻孔后需要攻螺纹，应根据螺纹直径选取略小一点的钻头，其尺寸一般为 0.20mm 或 0.20mm 以上。

（2）大孔的钻削步骤

1）先划线确定中心，然后用中心冲冲出中心。

2）用划规划出钻孔尺寸，并围绕所划圆圈轻轻地冲出几个小点，如图 2-74 所示。

3）使用錾子定出中心。

为了使大钻头容易钻孔，可先用小钻头钻一个导向孔，再进行钻削。

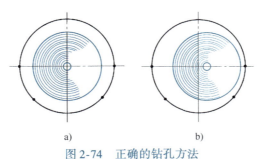

图 2-74 正确的钻孔方法

a）在正确位置钻孔 b）钻头偏离了中心

二、铰刀的使用

铰刀有若干个刀刃，可用手动丝锥铰手来转动。铰刀主要用于铰孔，对孔进行精加工，使孔的尺寸更为精确。

铰刀的主要类型有圆柱铰刀、圆锥铰刀和扩张式铰刀三种类型，如图 2-75 和图 2-76 所示。

1. 圆柱铰刀

圆柱铰刀有固定尺寸，如图 2-75a 所示。

在钻出孔后，将铰刀放入孔内平稳地转动，使其穿透该孔并切削少量的金属。这样该孔的表面会更光滑，尺寸更精确。每把铰刀都是按特定尺寸制造的，一次铰削工序就是对该孔做一次精加工。

2. 圆锥铰刀

圆锥铰刀如图 2-75b 和图 2-75c 所示，它主要用来铰锥孔，以安装圆锥销或其他锥形零件。图 2-75b 所示的铰刀用来精加工莫氏锥度孔，图 2-75c 所示的铰刀用来铰锥形销孔。

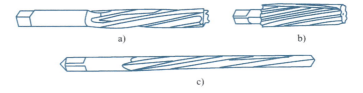

图 2-75 铰刀

a）圆柱铰刀 b）莫氏锥度铰刀 c）锥形销孔铰刀

3. 扩张式铰刀

扩张式铰刀有若干个直切削刃，如图 2-76 所示，根据需要可以调节铰刀尺寸。

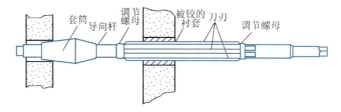

图 2-76 扩张式铰刀和导向装置

扩张式铰刀主要用于铰长孔或同心孔，如汽车的活塞销孔等。

 完成学习工作页

学习工作页　钻削和铰削类工具的使用					
学生姓名		班级		学号	
日期		开始时间		结束时间	

1. 任务

1）钻头刃磨，要求钻头刃磨的角度准确，并使用量角器进行检测。

2）在一个圆盘形的铸铁零件的指定位置上钻孔，要求钻孔位置准确。

2. 目的

学会使用钻削和铰削类手动工具。

3. 准备工作

1）钝的或破损了的麻花钻、已固定好的砂轮机、新钻头。

2）安全防护眼镜。

3）工具台及量角器、铸铁零件。

4. 请回答下列问题，若有困难请向老师寻求帮助。

（1）磨钻头刀刃时为什么要沾水冷却？

（2）怎样钻大孔？

（3）如果钻头顶部在磨削过程中温度太高怎么办？

指导教师评语

教师签字：_____　　日期：_____

任务6 攻螺纹与套螺纹类工具的使用

 学习目标

学完本任务后，应能做到：识别、选择及正确安全地使用、保养攻螺纹与套螺纹的手动工具。

 学习信息

攻螺纹与套螺纹工具主要是丝锥和板牙，丝锥主要用作加工内螺纹，板牙用作加工外螺纹，这类工具有手动和机用两种。在汽车维修中，手动丝锥和板牙用得最多，它主要用于小型工件的加工或用于修复已损坏的螺纹，图 2-77 所示是一套攻螺纹和套螺纹工具。

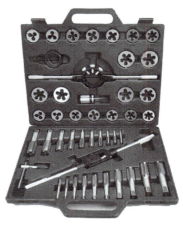

图 2-77 丝锥、板牙座和板牙

一、丝锥的使用

丝锥柄上的方头用来与铰手配合，丝锥铰手可调节，它能紧紧贴住丝锥方头并牢牢地将丝锥夹住。

1. 丝锥种类

一套丝锥包括头锥（头攻）、二锥（二攻）和三锥（三攻）三种丝锥，有的只有头锥、二锥两种，如图 2-78 所示。

1）头锥的头部呈锥形（大约有 6 个螺纹），以方便丝锥在孔中起动。这种丝锥主要用于横截面较薄的工件（丝锥可以穿透工件，攻出一个完整的螺纹）。

2）二锥与头锥相比锥度稍小些，在攻通孔螺纹时应用二锥，以便于在接近孔底处切削出一个完整的螺纹。

3）三锥没有锥度，用于螺纹的精加工。

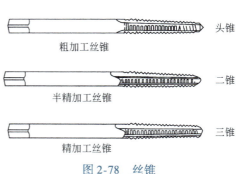

图 2-78 丝锥

2. 丝锥的正确使用方法

1）正确的选择丝锥后，套上丝锥铰手。

2）给丝锥的螺纹涂上润滑油。

3）把丝锥头放进孔中并向下均匀用力转动，一直到螺纹开始切削为止，丝锥切入 3~4 圈后，不要向下施加压力，只需转动铰手即可，如图 2-79a 所示。

4）使用直角尺在相隔 90°的两个地方检查丝锥是否垂直地插进孔中。

5）开始切削螺纹，切削过程中要不时地反向转动丝锥来切断切屑，一般是每转 1~2 圈后再反转 1/4~1/2 圈，以防止螺纹被切屑划伤，同时也可防止丝锥被卡住而折断，如图2-79b所示。

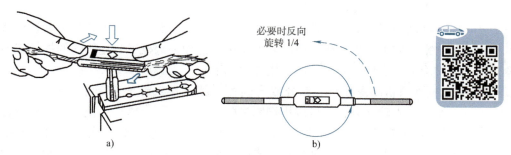

图2-79 丝锥的使用方法
a) 攻螺纹时，不要向下施加压力 b) 反向旋转，清除切屑

6) 为保证加工的螺纹光洁，在使用丝锥的过程中要不断地润滑丝锥。针对软金属（如铝件）攻螺纹时，或丝锥在攻螺纹过程中转动困难时，要把丝锥从孔中退出来清扫排屑槽，以防止切屑将丝锥卡住。丝锥相当脆，如果用力过度就可能折断。

3. 使用注意事项

1) 不可以用钳子代替丝锥铰手工作，以免力不均匀产生歪斜，对于空间狭小的孔位，用相适应的扳手夹持丝锥进行操作。

2) 丝锥铰手的选用，应按丝锥头部的尺寸合理选择。

3) 丝锥的选用一定要符合要求，丝锥使用时要注意区别头锥和二锥。

二、板牙和板牙座

板牙的主要作用是加工外螺纹，它通常固定在带手柄的板牙座中，以便转动板牙。板牙有排屑槽，这些排屑槽构成了有齿的刀刃并让切屑通过槽排出。

板牙的前三道螺纹是起导向作用，后面的螺纹才起切削作用。

1. 板牙的类型

板牙有固定式和可调式两种，可调式板牙如图2-80所示。

2. 加工外螺纹的操作步骤

1) 将需加工的轴端磨成或锉成一定锥度，以方便板牙起动。

2) 把板牙装到板牙座中，有字的一面向上，然后将它放在需加工的轴端上，如果导向装置可调，就应将它调至与轴的尺寸相符。

图2-80 可调式板牙

3) 转动板牙座同时向下施加一个恒定的压力并开始套螺纹，一旦切削出了两个或三个螺纹，板牙就可顺势向下套螺纹。

4) 套螺纹的过程中要不断地对板牙进行润滑。

5) 套螺纹过程中，板牙每转一圈需反转约四分之一圈以便折断切屑，使套螺纹比较轻松，同时也可避免螺纹被切屑划伤。

三、清除折断的螺栓

在维修中经常会出现螺栓折断在螺纹槽中的情况,这就需要将折断螺栓从螺纹槽中清除出来。如果螺栓较松,清除并不困难,但如果螺栓很紧,折断的螺栓就会卡紧在孔中很难旋出,取出折断螺栓的常用方法如下:

1) 如果折断螺栓有一部分露出表面,就可用夹钳来转动它,或者把它两侧锉平后,用扳手来转动它,还可以用钢锯横跨其顶部锯一个槽后,使用螺钉旋具将它取出。

2) 如果折断螺栓的断裂处与表面齐平,而且螺栓又相当大,可用錾子在其侧面开一个口,并试着转动它,在敲击时先敲一侧,然后再敲另一侧,直到螺栓松动为止。

3) 如果螺栓的断口在螺栓槽下面,可使用螺栓取出器。如图2-81a所示,使用螺栓取出器的第一步是用中心冲在断螺栓的头部冲一个孔,然后钻出一个小孔,此孔必须尽可能地接近螺栓中心。

螺栓取出器是锥形的,带有左旋排屑槽,当螺栓取出器旋进折断的螺栓中,排屑槽上的锐利刀刃就咬入螺栓,在螺栓取出器的带动下,将断螺栓从螺纹孔中取出。

图2-81b所示是其他形式的取出器,它们适用于折断螺栓的头部露出螺纹孔的场合。选用这些取出器中任一种,使用焊接方法,将其固定在折断螺栓头部,然后使用手动工具就可将螺栓取出。

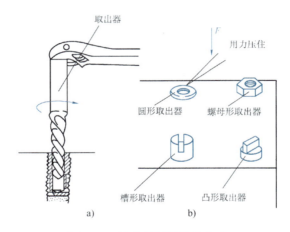

图2-81 清除折断螺栓的方法

a) 使用螺栓取出器清除折断的螺栓 b) 使用其他取出器清除折断的螺栓

完成学习工作页

学习工作页1　攻螺纹与套螺纹工具的使用					
学生姓名		班级		学号	
日期		开始时间		结束时间	

1. 任务

1) 使用丝锥在不同厚度的钢板上攻螺纹。

2）外螺纹加工：给定一个螺母，一根长为150mm的车削后的轴，要求使用板牙在这根轴上加工出至少长为30mm的螺纹。

要求：加工的螺纹无缺陷，并能够和螺母进行正确的配合。

2. 目的

学会使用攻螺纹与套螺纹工具进行内、外螺纹加工。

3. 准备工作

1）一套丝锥、板牙、板牙手柄、锉刀等工具。

2）不同厚度的钢板。

3）不同尺寸的钻头及钻床。

4）一根长为150mm的轴。

4. 请回答下列问题，若有困难请向老师寻求帮助。

(1) 在攻螺纹的时候，使用润滑油的目的是什么？

_____

(2) 为什么在攻螺纹过程中丝锥要经常反向旋转？

_____

_____

(3) 在攻螺纹过程中，如果使劲往下按丝锥，对丝锥有什么影响？

_____

指导教师评语

_____

_____

教师签字：_____　　　　　　　日　期：_____

完成学习工作页

学习工作页2　清除折断的螺栓					
学生姓名		班级		学号	
日期		开始时间		结束时间	

1. 任务

一颗至少有10mm长的螺栓折断在工件里，其断头与工件表面相平或低于工件表面，使用一套清除设备，清除断头螺栓，并不能损害螺纹。

使用方法如下：

1）使用螺栓取出器清除断头螺栓。
2）使用钻头将折断螺栓钻削后,再用丝锥进行清理。

2. 目的

学会使用攻螺纹与套螺纹工具清除折断的螺栓。

3. 准备工作

1）一颗折断在工件里的断头螺栓。
2）螺栓清除设备。
3）中心冲孔工具、钻头和钻床等设备。

4. 请回答下列问题,若有困难请向老师寻求帮助。
(1) 当螺栓断头高于工件表面时采用何种方法取出？
_____
_____

(2) 在什么情况下使用螺栓取出器？
_____
_____

 指导教师评语

_____
_____
_____

教师签字：_____   日期：_____

任务7　磨削和推拉类工具的使用

 学习目标

学完本任务后,应能做到：
识别、选择及正确安全地使用、保养磨削和推拉类手动工具。

学习信息

磨削常用的工具为砂轮,使用砂轮可磨削钻头、冲头和錾子等工具。

一、砂轮

1. 砂轮种类

砂轮一般制成各种形状和不同的尺寸,如图2-82所示。其中图2-82a为平面砂轮,它一般在台式砂轮机和磨床上使用，磨削部位在砂轮的正面或棱边完成；图2-82b为锥面砂轮，常用于特殊情况；图2-82c和图2-82d为凹面砂轮，它的磨削面在砂轮内侧及碗口面。

砂轮通常可分为软面砂轮和硬面砂轮，如图2-83所示。软面砂轮比硬面砂轮磨损大，但软面砂轮不易被软金属黏附；而硬面砂轮会因软的金属黏附，使表面变光滑而失去磨削能力。

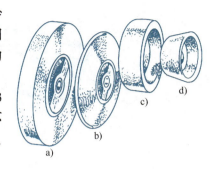

图 2-82　砂轮的形状
a) 平面砂轮　b) 锥面砂轮
c)、d) 凹面砂轮

2. 更换砂轮

1) 当要在砂轮机上装一个新砂轮时，应使用与旧砂轮标记（牌号）相同的砂轮。

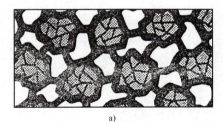 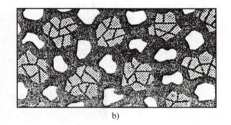

图 2-83　砂轮的构造
a) 软面砂轮　b) 硬面砂轮

2) 安装之前，要检查砂轮是否有破损和固定是否牢靠。

3) 安装之后，砂轮应在最高转速下至少试运转5min，试运转时，在危险区域应设防护罩。

3. 修整砂轮

砂轮使用一段时间后，表面会出现不平整，需要采用砂轮修整器来休整砂轮，手持式砂轮修整器如图2-84所示。

4. 磨石

磨石是另外一种形式的砂轮，如图2-85所示，它用于局部修磨工件，常见的磨石类型如下。

图 2-84　手持式砂轮修整器

（1）组合磨石　常见的组合磨石，一面是很细的磨粒，而另一面是较粗的磨粒，如图2-85a所示。粗磨粒的那一面用来磨削钝工具，而细磨粒的那一面用作修整和刃磨工具。

（2）片状磨石　片状磨石是锥形的，如图2-85b所示，通常一边是倒圆状，它用于打磨机加工零件表面的小毛刺。

（3）小磨头　小磨头呈各种各样的形状。它们被固定在一根小小的心轴上，心轴可以装在手持电钻的夹头上，如图2-86所示。它们可用来打磨毛刺和零件锈蚀部分，以提高其表面粗糙度。

（4）研磨盘和研磨片　图2-87所示为研磨盘和研磨片，用于超精加工零件表面。

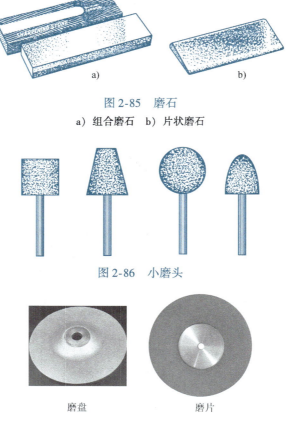

图 2-85 磨石
a) 组合磨石　b) 片状磨石

图 2-86 小磨头

磨盘　　　　　磨片

图 2-87 研磨盘和研磨片

二、推拉用工具

汽车上常用的推拉工具为顶拔器和压床。

汽车维修中有很多零件，如轴承或有些齿轮都是需要与轴进行紧配合，若要拆下或安装，就需要对轴施加压力或拉力，顶拔器和压床就是用于拆卸或装配紧配合零件的。

1. 顶拔器

图 2-88 所示为常用的顶拔器形状，使用顶拔器时，它的中间加压杆用以顶住被拆物的中心，三个爪要抓紧被拆物的另一面。

使用顶拔器的注意事项如下：

1) 使用前要测量被拆物外径、厚度和所需要拉拔的长度，以正确选择顶拔器。

2) 在空间允许时尽量选择使用 3 爪顶拔器，以获得更可靠的夹持力以及更均匀的拉力。

3) 要使用正确尺寸的顶拔器。如果使用了最大力而工件没有被拉拔，请使用更大吨位数的顶拔器。

4) 始终用防护安全网盖住工件，工件被拉拔时会产生很大的作用力，有时会导致工件破裂（如多数带轮等材质是生铁为主），可减低操作人员受伤害的危险。

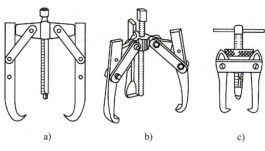

图2-88 顶拔器

5）逐渐地施加拉力，不要在顶拔器加压杆上延长加力杆来加速拉拔。

6）尽可能用标准爪，较长的拉爪会使顶拔器末端拉力减少。

2. 压床

压床主要用于拆卸或装配零部件，使用较多的是液压式压床，如图2-89所示。使用压床把轴承从轴上拆下或装配上时，轴承需正确地放置在压床座上，然后再用压床的压头给轴端加力，这样就可将轴承从轴上压出或装上。一般压床上有一个能升降的底座，以满足不同尺寸的零件使用。

图2-89 压床

使用压床时应注意以下几点：

1）为了防止压床失稳，压床必须紧紧安装在地面巨大的基座上。

2）为了学生的安全，应戴上护目镜或是脸部护罩。

3）为了防止被压件飞出，压床周围应有保护体或遮护板！

4）为了防止中心线定位不准，冲头的长度应尽可能短些，以防出现不同轴的情况，如图2-90所示。

5）为了防止工件侧面弯曲，要把工件竖直并牢固的夹紧，如图2-91所示。

6）在操作压床时，要尽量小心，因为工作时的压力很大。请随时观察压力表，其值不要超出额定许可值。压力表如图2-92所示。

7）不要使用铸铁材料的支撑轴，因为铸铁易脆，并且可能散架，如图2-93所示。

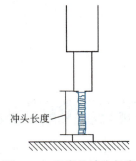

图2-90 适当的冲头长度

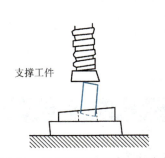

图2-91 工件应竖直并牢固的夹紧

图2-92 压力表

8) 当向滚动轴承施压时,压力应加在轴承内圈上,不要加在轴承外圈上或滚动体上,否则轴承有可能破裂,如图2-94所示。

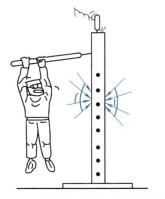

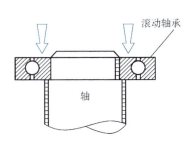

图2-93　支撑轴不要选用铸铁材料　　　　图2-94　压力加在轴承内圈上

三、专用维修工具

汽车维修中还经常会使用一些专用工具,这些工具是专门设计的,用于特定场合对特定零部件进行装配或拆卸。

专用工具包括拆卸器、安装工具、导向装置、专用量具、适配器、调节器和弹簧压缩器等,图2-95所示为一些常见的专用工具。

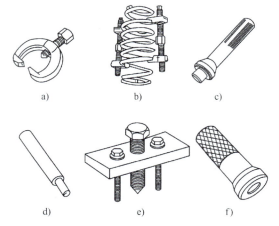

图2-95　专用维修工具样品

a) 两爪拉拔器　b) 减振器拆卸专用工具　c) 离合器定位专用工具　d) 定位销冲子
e) 轴承拉拔工具　f) 密封圈安装专用工具

完成学习工作页

学习工作页　汽车维修手动工具的综合应用					
学生姓名		班级		学号	
日期		开始时间		结束时间	

1. 任务

(1) 到工具室识别各类磨削、研磨、推拉和专用维修类工具，并说明其用途。

(2) 综合训练。如图 2-96 所示，在一块长 50mm，宽 25mm，高 100mm 的铁块上，完成以下工作。

1）加工金属块的外表面，用锯锉的方法加工一个端头，并用磨石打磨锯锉纹路，如图 2-97 所示。

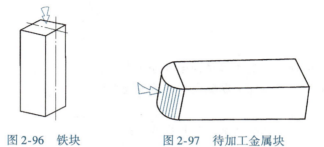

图 2-96　铁块　　　　图 2-97　待加工金属块

2）使用钻头在图 2-98a 所示的铁块表面钻孔。

3）使用板牙在一根金属棒的一头攻同样尺寸的螺纹，如图 2-98b 所示。

4）使用丝锥在已钻的孔里攻螺纹，如图 2-98c 所示。

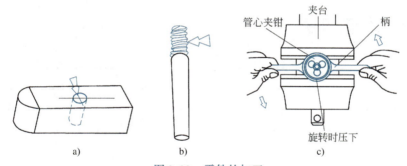

图 2-98　零件的加工

5）把金属棒拧进孔里面，然后把露在外面的部分沿着表面切掉。

6）使用钻头在被切金属棒的中心钻一小孔，然后用螺栓取出器旋入孔中，如图 2-99a 所示。

7）对小孔进行左旋攻螺纹，如图 2-99b 所示。用锐利的刀刃咬入螺栓并拧动竖直的丝杆来取出断螺栓。

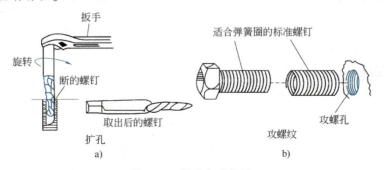

图 2-99　扩孔与攻螺纹

2. 目的

学会使用攻螺纹、套螺纹类工具,以及会用磨削、研磨和推拉类工具。

3. 准备工作

1) 一块长 50mm,宽 25mm,高 100mm 的铁块。

2) 钻头、钻床、锉刀、钢锯、丝锥、螺栓取出器等工具各一套。

3) 各类磨削、研磨和推拉类工具。

4. 请回答下列问题,若有困难请向老师寻求帮助:

(1) 在操作压床时,为什么要戴上护目镜或面罩?

___

(2) 当操作压床时,至少列举出三种安全隐患。

___
___
___

 指导教师评语

___
___

教师签字:_____   日期:_____

任务 8 电动工具与气动工具的选择和使用

学习目标

学完本任务后,应能做到:识别、选择及正确安全地使用和保养各种电动工具和气动工具。

 学习信息

一、电动工具

在汽车装配和维修过程中,经常会用到各种各样的电动工具,常用的电动工具包括电钻、电动扳手、电动砂轮机等,安全正确地使用电动工具是非常重要的。

(一) 电动工具安全使用规则

1) 不要使用电线或插头已坏的电动工具，如图 2-100 所示。

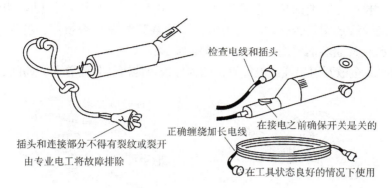

图 2-100　电动工具的检查

2) 在操作电动工具之前，要读懂操作指令或使用说明书。
3) 不要在潮湿的地板上放置和使用电动工具，以防电动工具漏电而引起触电事故，如图 2-101 所示。
4) 使用电动工具时，一定要穿橡胶底的劳保鞋。
5) 电动工具的插头要使用三相插头，并确认插座已接保护地线。
6) 要使用电动工具开关来开关电源，而不能采用插上或拔下墙上电源插头的方式来代替开关；电动工具在插入插座之前，要确认开关是关闭的，如图 2-102 所示。

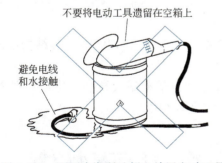

图 2-101　不要在潮湿地板上放置电动工具

图 2-102　在插入插座之前，要确认开关是关闭的

7) 一定要按操作规程来使用电动工具，违反操作规程将导致严重的人身伤亡事故。
8) 要定期对电动工具进行安全检查。

(二) 电动工具日常维护

使用电动工具前，请检查电动工具以下项目：
1) 导线是否损坏。
2) 插头是否损坏。
3) 电动工具是否干净和损坏。

（三）电动工具引出线要求

理想的电动工具引出线应该是导线长度尽可能短，直径尽可能大。如果导线的直径比需要的小，长度比需要的长，就会产生明显的电压降，造成导线过热，因此使用电动工具时应检查导线选用是否合理。使用时，要检查其绝缘是否损坏，有无金属线外露，导线不能被水或其他溶剂浸湿，如图2-103a所示。

使用前要完全散开引出线的电线匝，因为导线可能因过热而着火，如图2-103b所示。

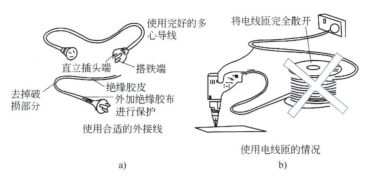

图2-103 电动工具引出线检查要求

（四）电钻

1. 电钻的应用及分类

电钻是利用电能做动力的一种钻孔和扩孔工具，根据钻头的大小，电钻可分为4mm、6mm、8mm、10mm、13mm、16mm、19mm、23mm、32mm、38mm、49mm等规格。

电钻一般分为三种类型：手电钻、冲击钻和锤钻（又叫电锤）。其结构如图2-104所示，三者之间的主要区别如下：

（1）手电钻 它的功率最小，只是单凭电动机带动钻头转动，使钻头在金属、木材等物质上钻孔。更换夹头，可当作电动螺钉旋具使用。

图2-104 电钻的种类
a）手电钻 b）冲击钻 c）锤钻

（2）冲击钻 在其钻头夹头处有调节旋钮，可调节成普通电钻和冲击电钻两种方式使用，可以在金属、木材和钢筋混凝土上钻孔，但其冲击力远远不及电锤，效果不佳。

（3）锤钻（又叫电锤） 它是利用电动机带动两套齿轮结构转动，一套实现转动，而另一套产生强大的冲击力，可在多种硬质材料上钻孔，使用范围最广。

2. 使用电钻应该注意的安全措施

1）遵守电动工具安全使用规则。

2）使用时要保持电钻平稳，不要上下、左右晃动电钻。

3）不要让电钻超负荷工作以增加着火风险。

4）电钻在钻削过程中，钻头安装必须安全牢固。

5）在使用之前，检查电钻是否有异常现象，不要用潮湿的手擦拭它。

6）确保电动机通风，通风口要保持畅通和清洁，并确保完全打开，如图 2-105a 所示。

7）检查电线是否损坏，若已损坏，要用专用的电工胶布修复，如图 2-105b 所示。

8）不要拉住电线或插头拖动电钻。

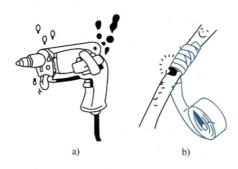

图 2-105 电钻的检查要求

a）确保电动机通风 b）用电工胶布修复电线

9）确保被钻削的工件固定可靠，否则钻削过程中工件会旋转，造成人员受伤。

10）当电钻发热时，需要使用润滑油冷却。

11）钻削工件时，需要戴上面罩或护目镜，以防飞溅的屑片和微粒飞进眼睛。

12）钻削过程中要不断变速，这样可方便断屑，如图 2-106 所示。

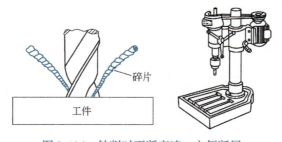

图 2-106 钻削时不断变速，方便断屑

13）操作电钻时，不要将速度调得太快，也不要在电钻上施加很大的压力，这样会使电钻因过热而损坏。

14）检查电钻设置的速度是否合理，钻削小孔时，钻削速度可快一些，钻削大孔时，钻削速度应慢一些。

15）钻头使用前检查钻头是否锋利、可靠，如图 2-107 所示。

图 2-107　检查钻头

16）为了避免钻头损坏及伤人，当钻头快要钻通工件时，要减小施加在它上面的压力。

17）使用电钻时要小心，在有问题的电钻上应贴上标签，如图 2-108 所示。

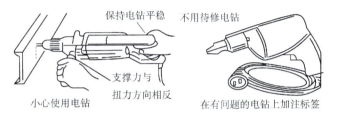

图 2-108　在有问题电钻上贴标签

3. 电钻的维护

1）经常使用钻头钥匙检查夹头工作情况。

2）定期检查导线、插头及外壳绝缘性能。

3）电钻使用后应放回工具箱内，存放于干燥处。

4. 手电钻的使用

手电钻又叫充电式电钻或多功能电钻（通过更换夹头，既可以当电钻使用，也可以当螺钉旋具使用），它由可充电电池供电，可以减轻装配工人的身体疲劳，由于没有电线，工人可以在没有电源或压缩空气源的位置自由安装紧固件。

手电钻的操作步骤主要是：

1）设置安全开关。

2）安装电池。

3）调整电钻力矩设置。

4）运行电动工具。

注　意

在使用手电钻之前，必须先将工具牢固地连接到钻头上，在不带电情况下手动安装夹头的方法如图 2-109 所示。

（五）电动砂轮机

常见的电动砂轮机主要有台架砂轮机（或台式砂轮机）和手持砂轮机两种，如图 2-110 所示。

项目2 汽车常用工具的使用

a) 按紧夹头下面部分，左右拧动上半部分，将三爪夹调至合适的位置

b) 将适配的钻头置入三爪夹头内，放入合适的长度

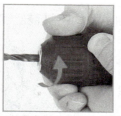
c) 按紧夹头下面部分，顺时针旋转夹头上半部分，用力拧紧即可

图 2-109　不带电情况下手动安装夹头的方法

台架砂轮机

手持砂轮机

图 2-110　电动砂轮机

1. 电动砂轮机的应用

电动砂轮机主要用于打磨金属工件和刀具等。

2. 电动砂轮机的使用注意事项

1）检查砂轮是否损坏或是否出现裂纹，否则损坏的砂轮部分有可能会飞离主体砂轮造成人员伤亡。

2）在磨削之前，让砂轮以一定的工作速度空转至少 1min 以上，让砂轮达到最高速度。

3）确保砂轮被防护体遮盖一半以上。

4）操作电动砂轮机时，戴上特制眼镜或面罩，如图 2-111 所示。

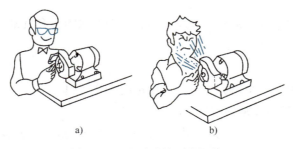

图 2-111　电动砂轮机的操作
a) 戴上特制眼镜或面罩　b) 没有戴眼镜或面罩

5）打磨工件时，不可用力过大，以防损坏砂轮及工件从手中滑脱。

6）不要站在砂轮机的正前方，应站在砂轮机的侧面，与砂轮机有一定夹角，以防

101

砂轮破裂后飞出伤人。

7）磨削时手拿工件轻轻接触砂轮，并把工件放置成正确的角度，如图 2-112 所示。

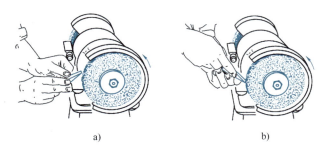

图 2-112　工件放置的角度

a）磨工件时把工件贴着砂轮的正确方法
b）不正确的方法——工件有可能卡在支架与砂轮之间

8）如果磨削小工件时，不能直接用手抓工件，而需用手钳夹住，这样可避免把手指磨伤。

9）不要将工件反向放在砂轮的上部磨削，如果工件本身很长时，工件有可能被卡住。

10）使用砂轮磨工件时，不能只使用砂轮的一侧，这样可能导致砂轮损坏。

11）不允许两人同时使用电动砂轮机。

3. 电动砂轮机的维护

1）砂轮必须按规定打磨或调整。

2）砂轮磨损较大时应予以更换。

二、气动工具

在汽车装配和维修过程中，会经常用到各种各样的气动工具，常用的气动工具包括气动扳手、气动角磨机（或叫气动抛光机）、气动吹尘枪等，下面简单介绍一下它们的使用。

（一）气动扳手

气动扳手的种类很多，常见的气动扳手有气动冲击扳手和气动棘轮扳手两种，其结构如图 2-113 所示。

1. 气动扳手的应用

气动扳手是一种用于快速拆装螺栓或螺母的操作工具。

2. 使用气动扳手时注意的问题

1）使用气动扳手时，一定要握紧，并站在一个安全舒适的位置。

2）不要让气动扳手排气口处的脏物吹到脸上。

3）注意扳手的力矩，如果扳手被工件卡住，由于冲击力作用，会扭伤手腕。

4）套头没完全套住螺母（螺钉槽）时，严禁按动开关。

5）用完气动扳手后，要将气管卷起。

6）注意选择气动扳手的力矩大小，否则可能会因冲击力矩太大而拧断螺栓。

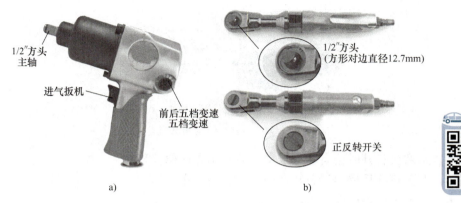

图 2-113 气动扳手的种类
a) 气动冲击扳手 b) 气动棘轮扳手

7) 压缩空气的压力不能高于气动扳手的许用压力, 不要高速空转, 以防机械过早磨损。

3. 气动扳手的维护

1) 经常检查工具排气管的清洁, 同时检查外形是否损坏。
2) 使用专用气动工具油对气动扳手进行润滑, 如图 2-114 所示。

图 2-114 气动扳手的润滑

（二）气动角磨机

1. 气动角磨机的应用

气动角磨机一般用于对金属表面进行抛光、打磨或切割, 由于它操作方便、效率高、安全性也比较好, 目前已被广泛应用于各行各业, 其结构如图 2-115 所示。

2. 气动角磨机操作时的注意事项

1) 使用前一定要检查角磨机是否有防护罩, 防护罩和角磨片是否安装稳固。
2) 要戴保护眼罩, 穿好合适的工作服, 不可穿过于宽松的工作服, 更不要佩戴首饰或留长发, 严禁戴手套及袖口不扣而操作。
3) 严禁使用已有残缺的砂轮片, 切割时应防止火星四溅或溅到他人, 并远离易燃易爆物品。

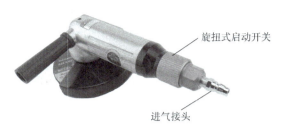

图 2-115　气动角磨机

4）角磨机打开时会有较大摆动,需要用力握稳。
5）开关打开后要等砂轮转动稳定后才能工作。
6）切割方向不能向着人。
7）用角磨机切割或打磨时,要稳握角磨机手把,并均匀用力。
8）不能用手抓住小零件对角磨机进行加工。
9）出现不正常声音或过大振动时,应立即停止进行检查。
10）每天需加润滑油,定期保养或更换叶片。

(三) 气动螺钉旋具

气动螺钉旋具也是用于拧紧和旋松螺钉、螺母的气动工具。其外观结构如图 2-116 所示,其使用方法与注意事项与气动扳手类似。

(四) 气动吹尘枪

1. 气动吹尘枪用途

气动吹尘枪是一种清洁工具,主要用于工厂以及部件安装、维修时的除尘,常清洁一些手触摸不到的地方,如狭窄缝隙、高处、气管内、机器零部件内部

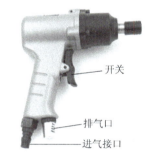

图 2-116　气动螺钉旋具结构

等地方。它是利用空气放大的原理,有效地减少压缩空气的消耗量,从而产生强大和精确的气流,并带动周围空气一起工作。其结构如图 2-117 所示。

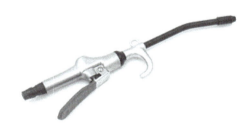

图 2-117　气动吹尘枪

2. 气动吹尘枪的使用注意事项

1）操作前必须按照操作说明书安装使用。
2）吹尘枪需通过接上压缩机使用。
3）保持吹尘枪的干净,没有油和积灰。

4）定期对吹尘枪进行清洁工作，防止大量其他物体积淀在吹尘枪的零部件上面，清洁时，应切断电源。

5）不能在含有易燃性气体和大量粉尘的环境中使用。

6）非专业人员不能擅自进行修理。

 知识拓展

世赛冠军——一把锤子的精湛技艺

2019年，在俄罗斯喀山举行的第45届世界技能大赛上，我国选手共获得16金、14银、5铜和17个优胜奖，位列金牌榜、奖牌榜、团体总分第一名。徐澳门在本次大赛中获得了车身修理项目冠军，他身披中国国旗跃上领奖台，振臂高呼："我实现了4年多来的梦想！"

2015年9月，徐澳门到上海市杨浦职业技术学校汽车专业就读，后来入选大赛校队。开始的训练内容只有一个，就是把一块褶皱的铁皮用钣金锤敲平整。这一基本功，训练的是选手对板件延展性能的掌握、对落锤角度的观察能力、手的力道和灵活性。日复一日的训练，很多同学觉得枯燥乏味，徐澳门却悟通了"在一米宽度上挖掘一千米深度"的道理，表现出惊人的毅力。

经过层层选拔，徐澳门成功获得代表中国队参加世赛车身修理项目的资格。最终，徐澳门凭借高超的技能稳稳地获得了冠军。

作为新时代的职业技术人才，应该学习这种踏实肯干、刻苦钻研的工匠精神，为国家做出贡献。

 完成学习工作页

学习工作页　电动工具的使用					
学生姓名		班级		学号	
日期		开始时间		结束时间	

1. 任务

1）安全使用电钻，并在金属板上钻削不同直径的孔。

2）使用电动砂轮刃磨螺钉旋具。

3）使用气动扳手拧紧和旋松螺母。

4）使用气动角磨机打磨金属表面。

2. 目的

1）在汽车维修中需经常使用电钻，学会电钻的使用。

2）学会正确使用电动砂轮。

3）学会正确使用气动扳手。

4）学会正确使用气动角磨机。

3. 准备工作

1)电钻及钻头、电动砂轮机、气动扳手、气动角磨机、空气压缩机及气管。

2)刃口已钝的螺钉旋具多把、已拧紧的螺栓、10mm厚的钢板、表面粗糙或有锈蚀的钢板。

4. 请回答下列问题,若有困难请向老师寻求帮助。

(1)在操作不熟悉的电动工具前,应该做些什么?

(2)为什么用潮湿的手或在潮湿的地板上操作电动工具很危险?

(3)如果使用的电动工具引出线太长,或是直径太小,将会出现什么不良现象?

(4)怎样做才能防止电钻过热?

(5)电钻钻孔时的速度该如何选择?

(6)使用出现裂纹的砂轮将会发生什么事故?

(7)当操作电动砂轮时,列举出两种保护脸部和眼睛的方法。

(8)怎样正确把持气动扳手?

(9)为什么要正确设置气动扳手的力矩?

指导教师评语

教师签字:_____ 日期:_____

鉴定工具1　口头或书面问题清单

考生姓名		考生学号	
课程名称	汽车维修常用工具及设备使用		
工作场所			
鉴定日期			

鉴定步骤：回答下列所有问题。

正确回答以下问题（请选择：口头□　　书面□）	对	错	备注
1. 在车间进行操作时有哪些安全要求？至少列举五条	□	□	
2. 考生回答任务1后的问题是否正确	□	□	
3. 考生回答任务2后的问题是否正确	□	□	
4. 考生回答任务3后的问题是否正确	□	□	
5. 考生回答任务4后的问题是否正确	□	□	
6. 考生回答任务5后的问题是否正确	□	□	
7. 考生回答任务6后的问题是否正确	□	□	
8. 考生回答任务7后的问题是否正确	□	□	
9. 考生回答任务8后的问题是否正确	□	□	

考生知识表现：

　　　　　　　　合格□　　　　不合格□

给考生的反馈：

如果不合格，需要重新鉴定的说明：

签字说明考生同意上述记录属实，反映所完成的任务
考生签字：　　　　　　　　　　　　　　　　　　　　　　日期：

签字说明考生已表现对任务实践的能力和理论的理解
鉴定师签字：　　　　　　　　　　　　　　　　　　　　　日期：

鉴定工具2　练习和观察清单

考生姓名		考生学号	
课程名称	汽车维修常用工具及设备使用		
工作场所			
鉴定日期			
任务简述	任务1　扭转旋具类工具的使用 任务2　钳子和夹紧类工具的使用 任务3　錾削、击打、切割类工具的使用 任务4　锯削和锉削类工具的使用 任务5　钻削和铰削类工具的使用 任务6　攻螺纹与套螺纹类工具的使用 任务7　磨削和推拉类工具的使用 任务8　电动工具与气动工具的选择和使用		

鉴定步骤：需要展示所有技能，并能被鉴定教师观察到。

考生具备了下列技能吗	是	否	备注
1. 实作时是否遵守了安全操作规程及要求	☐	☐	
2. 拆卸零部件时是否选用了正确的工具和设备	☐	☐	
3. 使用工具和设备时是否采用了正确的步骤，操作是否规范	☐	☐	
4. 能否正确完成任务1~8后面的工作页安排	☐	☐	

考生能力表现：

　　　　　　　合格☐　　　　不合格☐

给考生的反馈：

如果不合格，需要重新鉴定的说明：

签字说明考生同意上述记录属实，反映所完成的任务
考生签字：　　　　　　　　　　　　　　　　　　　　　　　　　　日期：

签字说明考生以表现对任务实践的能力和理论的理解
鉴定师签字：　　　　　　　　　　　　　　　　　　　　　　　　　日期：

项目3
车间装备和举升设备的使用

 项目学习目标

学完本项目后，应能做到：
1) 正确识别、选择和使用各种车间装备。
2) 认识举升设备结构、类型和规格。
3) 具备对举升设备进行保养并对部件进行维修操作的能力。
4) 能正确安全地使用举升机举升车辆。
5) 能正确安全地使用千斤顶举升车辆。
6) 能正确安全地使用安全支撑支持车辆。
7) 能正确安全地使用举升吊具及吊索等举升设备。
8) 养成认真负责的工作态度，具备团队协作、解决问题的能力。
9) 遵守职业道德和职业规范，树立安全作业、节能环保意识，具备创新精神。

 学习信息资源

1) 有关工作场所健康与安全的法律、法规。
2) 汽车举升、维修设备的使用说明书和安全操作规定。
3) 介绍各种车间装备、举升设备的文字资料、书籍。
4) 介绍各种工具和设备知识的网站。

 学习场所和设备

1) 安全的工作车间或模拟车间。
2) 个人防护用品、用具。
3) 各种车间装备，如轮胎拆装机、轮胎平衡机、空气压缩机、零部件清洁池等。
4) 各种举升设备，如各种举升机、发动机吊机、千斤顶、安全支撑、吊具及吊索等。
5) 一些需举升或支撑的汽车及汽车零部件等。

 项目学习任务

为了能对常用车间装备和举升设备进行正确使用，本项目安排的学习任务如下：
任务1　车间装备的使用
任务2　使用举升机举升车辆

任务 3　使用千斤顶举升车辆
任务 4　使用安全支撑支持车辆
任务 5　举升吊具及吊索的使用

任务 1　车间装备的使用

学习目标

学完本任务后，应能做到：正确识别、选择、使用和保养各种车间装备。

学习信息

在汽车维修车间常见的装备有举升机、千斤顶、压床、发动机吊机、空气压缩机、轮胎拆装机、轮胎平衡机、零部件清洗池等。其中举升机、发动机吊机、千斤顶、压床等设备将在其他相关章节介绍。

一、轮胎拆装机

轮胎拆装机也叫扒胎机、拆胎机，它的主要作用是拆卸和装配轮胎。拆胎机的种类众多，根据其形状不同可分为立式和卧式两种；根据其动力来源不同可分为气动式和液压式两种。其中最常用的是气动式轮胎拆装机，结构如图 3-1 所示。

1. 轮胎拆装机的使用

（1）拆卸轮胎

1）拆卸轮胎前应拆下轮胎气门芯，放干净轮胎内空气。

2）将轮胎放在挤压臂处，使用万向大铲将轮胎和轮辋初步分离。

3）将轮胎搬上大盘后，轮胎正面朝上（注意：要先拆卸轮胎正面），踩下脚踏板锁住轮辋，这时务必保持轮胎呈水平状态。

4）拉下鸟头靠近轮辋放在合适位置，然后用撬棍将轮胎边缘挑到鸟头上，将鸟头压在下面，踩下脚踏板使大盘旋转，即可完成拆卸轮胎。

5）轮胎反面的拆卸操作步骤类似。

图 3-1　轮胎拆装机的结构

（2）轮胎的装配及充气

1）分辨轮胎正反面，注意有轮胎日期面朝向轮辋正面。

2）在轮胎正反两面边圈处涂上轮胎专用润滑脂，防止在装配时刮伤胎面，然后将轮胎斜置放入轮辋中。

3）把轮胎套入轮辋上，注意气门嘴位置，切勿损伤气门嘴，然后再摆正轮胎。注意一般先装配轮胎反面，再装配轮胎正面。

4）装配时用辅助装备（如压胎棍）压住轮胎边缘，把轮胎边缘放在鸟头下方，踩动脚踏板让大盘顺时针旋转，即可完成装配。

5）给轮胎加气，注意轮胎的充气压力大小。

6）所有装配步骤完成后应当检查轮胎有无漏气现象，然后拧紧气门嘴盖帽。

2. 使用轮胎拆装机时应注意的问题

1）在拆卸轮胎之前，要把轮胎气门嘴打开，把轮胎里面的气体泄出。

2）在使用轮胎拆装机时要小心，必须擦干手再工作，可以减少受伤的概率。

3）装轮胎的时候，小心手指，不要放在轮毂和轮胎之间，以免夹伤手指。

二、轮胎平衡机

汽车的车轮是由轮胎、轮辋组成的一个整体，但由于制造上的原因，使各部分的质量分布不均匀。当汽车车轮高速旋转时，就会形成不平衡状态，造成车辆在行驶中车轮抖动、转向盘振动的现象。为了避免这种现象，就要使车轮在动态情况下通过增加配重的方法，使车轮各部分达到平衡，这个过程称为动平衡。如果车轮动平衡不好会造成轮胎的异常磨损，影响车辆的稳定。

轮胎平衡机的主要作用是给轮胎做动平衡检测，使轮胎的离心力达到最小，减小轮胎的不正常磨损，使轮胎运转平顺。轮胎平衡机的结构如图3-2所示。

1. 轮胎平衡机的使用方法

1）将轮胎充到合适的气压，去除轮辋上的铅块，清除轮胎花纹沟里的石子和杂物，把旧的平衡块取出，将轮辋处理干净。

2）将轮胎安装面朝内装上平衡主轴，选择合适的锥套，用锁紧装置将轮胎锁紧，注意锥套一定要对准中心孔，否则可能数据不准。

3）打开平衡机电源，用平衡机上的自动量尺测量轮辋边缘到平衡机之间的距离 A，同时用宽度测量尺测量轮辋宽度 L，测出轮辋直径 D（也可从胎侧读出），将 A、D、L 值通过操作面板输入到控制装置中去。

4）按下开始按键，平衡机开始带动轮胎旋转，测量开始。

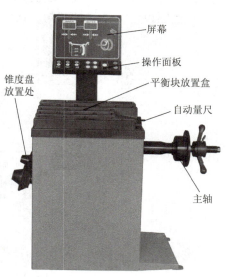

图3-2　轮胎平衡机的结构

5）一般听到"嘀"的一声或车轮自动停转时，测量结束，这时显示器显示的数值为轮胎不平衡值。

6）用手转动车轮，面板上的定位灯不停地闪动，当其中一组指示灯全亮时（不同机型显示方式不同，详见产品说明书），表示轮辋最高点位置为不平衡点，其中左侧定位灯对应内侧不平衡点，右侧定位灯对应外侧不平衡点。在不平衡点位置敲入相应克数的平衡块，另一侧也是如此。

7）重复4）以后步骤，直到平衡机显示为"00"。

8）动平衡结束，取下轮胎。

2. 使用轮胎平衡机时应注意的问题

1）当把车轮抬上轮胎平衡机测试台的时候，要小心手指背部。

2）在平衡测试前要夹紧车轮，以防止实验的时候车轮飞出。

3）当车轮旋转的时候，手不要接触车轮，防止受伤，如图3-3所示。

4）不要站在车轮正面，防止车轮旋转的时候飞出伤人。

5）在没有防护装置时不能使用轮胎平衡机。

三、气动系统

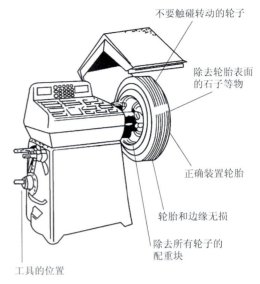

图3-3 正确安全地使用轮胎平衡机

（一）气动系统的基本组成

气动系统通常用于动力工具，如气动扳手或气缸等。所有气动系统均由四个部分构成，如图3-4所示。

1）压缩空气源（空气压缩机）。

2）控制设备（流量控制阀、减压阀、定向控制阀或电磁阀等）。

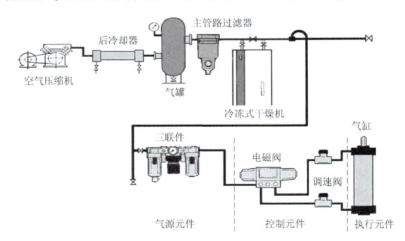

图3-4 气动系统的基本构成

3）执行元件即动力输出设备（将气动动力转为机械动力，如气缸）。

4）气体管路（供气管路、控制管路、动力管路等）。

（二）空气压缩机

1. 空气压缩机的种类

空气压缩机的种类较多，按其结构形式的不同可分为活塞式、单螺杆式、双螺杆式、涡卷式等类型。

2. 空气压缩机的应用

空气压缩机的作用主要是提供比大气压力高得多的压缩空气，它常用于轮胎充气、清洁汽车零部件、为气动工具提供动力等，其结构如图3-5所示。

（三）气管

气动系统中常用的气管有聚氨酯管路（柔软灵活）、醚型聚氨酯管路、聚乙烯管路（硬而坚固，半柔性）、硬尼龙管路（坚固，通常盘绕使用），其外观结构如图3-6所示。

图3-5　空气压缩机

图3-6　气管

1. 气管的应用

气管用于传输压缩空气给用气单元，如气动扳手、研磨机、举升机、清洁器等。气管可分为高压气管和低压气管，其中高压气管有帘布层。

2. 气管使用的安全要求

1）打开供气阀前应检查气管是否损坏。

2）不要将气管中的压缩空气直接对着他人。

3）用气管中的压缩空气吹干零部件时，要戴护目镜。

3. 气管的维护

1）检查、更换气管和接头。

2）不要将气管浸泡在溶剂或油中，气管应采用碱水清洗，清洗后要晾干。

3）不要让气管打结，避免减小或切断压缩气体。

4）不要在气管管路上放置重物。

四、轮胎气压表

轮胎气压表简称胎压表，可分为指针式和数字式两类，一般可有充气、测压、放气三种用途，轮胎气压表的结构如图3-7所示。

1. 检测气压的方法

1）拧下轮胎气门嘴的护帽。

2）将气压表进气口正确的压在轮胎气门嘴上，可以测定轮胎气压。若当气压表的气口没有正确地压在轮胎气门嘴时，会听到漏气的声音，这样不能正确地测出轮胎气压。

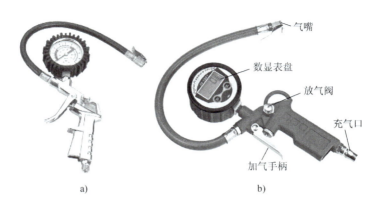

图 3-7 轮胎气压表
a）指针式轮胎气压表　b）数字式轮胎气压表

3）请将气门嘴护帽拧好。

4）测完气压后，请务必按动气压表放气阀，放出表内气体，将表装入盒内保管好，表内的气体若长时间不放出，会给表带来负担，使气压表内部弹簧等发生变形，影响精度。

 注　意

请在冷车状态下进行气压检验，因为行车后，轮胎内温度上升，空气膨胀，气压会升高。

2. 气压调整方法

1）按检测顺序测定轮胎压力，确定轮胎内气压。
2）如果气压不足，按加气手柄以增加轮胎气压，直到调整到要求的气压为止。
3）如果气压过高，按压放气阀以降低轮胎气压，直到调整到要求的气压为止。

五、零部件清洗池

零部件清洗池的结构如图 3-8 所示。

如图 3-9 所示，零部件清洗池使用注意事项如下：

1）热洗时可能造成水蒸气喷出，要小心开启。
2）清洗池的转动部位转动时不要用手接触，防止受伤。
3）小心洗涤液里面的化学物质伤害眼睛和皮肤。
4）有些溶剂会放出有毒的气体，所以要有适当通风。
5）要穿防护服，因为高压的洗涤剂污垢和循环润滑油有可能溅出。
6）随时保持清洁池周边的清洁、干燥。

项目3 车间装备和举升设备的使用

图 3-8 零部件清洗池

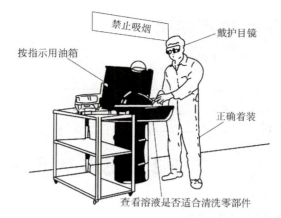

图 3-9 零部件清洗池的正确使用

 完成学习工作页

学习工作页　车间装备的使用					
学生姓名		班级		学号	
日期		开始时间		结束时间	

1. 任务

1）请分别说出使用轮胎拆装机、轮胎平衡机、零部件清洗池等设备可能存在的安全隐患，并说明每种安全隐患的预防措施。

2）使用轮胎拆装机拆卸和装配轮胎。

3）使用轮胎平衡机检查轮胎动平衡。

4）使用空气压缩机和轮胎气压表给轮胎充气，轮胎气压值大小可通过相关资料获取。

2. 目的

学会使用各种车间装备。

3. 准备工作

轮胎拆装机、轮胎平衡机、空气压缩机、零部件清洗池和轮胎气压表等。

4. 请回答下列问题，若有困难请向你的老师寻求帮助。

1）当现场没有防护装备时，是否应该操作轮胎平衡机？

2）用零部件清洗池热洗零件时，列举出两种可能造成事故的原因。

指导教师评语

_____
_____
_____

教师签字：_____　　　　　　　　日期：_____

任务2　使用举升机举升车辆

学习目标

学完本任务后，应能做到：能正确识别、选择、安全地使用举升机举升车辆。

学习信息

一、举升机的种类和作用

1. 举升机的种类

在汽车维修车间有许多种类的举升机，一般可根据其柱子的多少分为单柱、双柱、四柱举升机，根据其动力装置的不同分为液压举升机、气动举升机和电动举升机等。

2. 举升机的作用

举升机的作用是举升车辆到地面上一定高度，便于维护、修理及检测汽车，如果使用不当，会产生危险。

注　意

1）必须经过正确的操作培训，阅读举升机使用说明书，学习车间有关举升机的安全预防措施后，才能使用举升机。

2）举升机上标注有最大安全载荷，使用时请不要超过安全工作载荷。

二、使用举升机举升车辆

1. 车辆在举升机上的定位

1）慢慢地驾驶（需有驾驶证）汽车，将汽车停在举升机正中，如图3-10所示。

2）防止车辆滚动，使用驻车制动器，如有必要，楔住车轮。

3）车辆装载有负荷或两轴负荷不均时，不能举升。

4）检查举升机顶部空间，避免碰撞。

5）收缩天线。

6)关闭车门。

2. 举升车辆

(1)使用双柱式举升机举升车辆

1)清理举升机举升平台,确保干燥、没有油污。

2)定位车辆。

3)将举升机举升平台放在车辆支撑点下面(参照制造厂家维修手册),如图 3-11 所示。

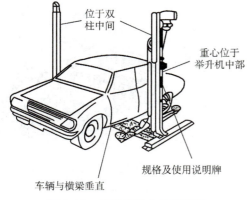

图 3-10 在举升机上放置汽车

图 3-11 举升机举升平台的正确放置

4)升起举升机举升臂直到举升平台接触到车辆支撑点。

5)检查举升平台与支撑点的相互位置是否正确,如果不正确,应降下举升臂重新定位。

6)将举升机上升到期望的位置。

7)连接安全保险装置,如图 3-12 所示。

图 3-12 使用双柱式举升机举升车辆

 注 意

某些发动机前置、前轮驱动的车辆前面较重,当车轮、悬架总成和油箱从车辆后部拆下时,在双柱式举升机上的车辆可能向前倾斜。

(2) 使用四柱式举升机举升车辆（图3-13）。

1) 把车辆停在举升机中部。
2) 施加驻车制动，手动变速器挂上低速档。
3) 自动变速器选择"停车"档位或者楔住车轮。
4) 将举升机升到期望的高度。
5) 连接安全保险装置。

(3) 使用单柱式举升机举升车辆（图3-14）。

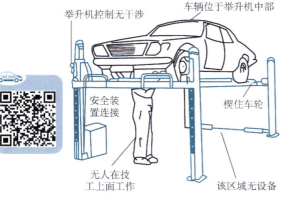

图3-13 使用四柱式举升机举升车辆

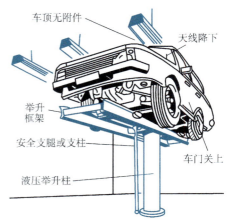

图3-14 使用单柱式举升机举升车辆

1) 将车辆放在框架的正中。
2) 将支撑块定位于车辆支撑点下面。
3) 操作控制杆慢慢升起举升机。
4) 在框架下放上安全支撑腿或适当的支撑柱，以便支持框架，防止下滑。
5) 单柱式举升机目前应用较少。

注　意

1) 在安全装置或安全支撑腿连接好之前，任何人不要进入举升机下面。
2) 当有人在举升机下面工作时，绝不可升降举升机。

三、降下举升机（图3-15）

1) 从举升机下面和周围搬走所有工具、照明灯、管线和电缆。
2) 确保举升机下面没有其他人员。
3) 释放安全装置或安全支撑。
4) 慢慢降下举升机，并检查是否全部降下，绝不能只降一部分后就离开。

四、从举升机上开下车辆（图3-16）

1) 确保举升机举升臂、安全支撑、举升平台与车辆分开，收折举升臂，让出通道。

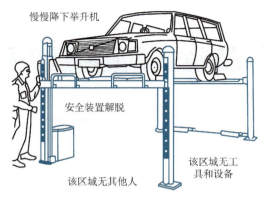

图3-15 降下举升机

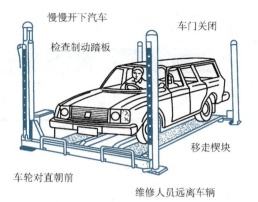

图3-16 从举升机上开下车辆

2)控制转向盘,将前轮保持向前,不偏转。
3)检查驻车制动操作是否有效。
4)确保关上车门,防止倒车时,车门撞击举升机立柱。
5)慢慢控制并开下汽车。

 注 意

以下情况不能使用举升机或任何液压、气动举升装置。
1)举升时举升机颤抖或跳动。
2)举升后举升机自己慢慢下滑。
3)使用或不使用时举升机都慢慢上升。
4)举升机下降得非常慢。
5)从举升机排气孔里喷出液压油。
6)举升机密封盖处有漏油现象。
7)标示有故障的举升机,如图3-17所示。
遇到上述情况时,请及时排除故障,否则会造成危险。

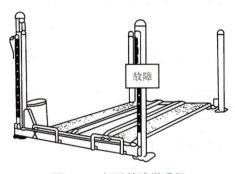

图3-17 标示故障举升机

完成学习工作页

学习工作页　举升机的使用				
学生姓名		班级		学号
日期		开始时间		结束时间

1. 任务
1）熟悉举升机参数。
2）正确安全地举升车辆。
3）正确安全地降下车辆。
4）正确安全地从举升机上开下车辆（需有驾驶证）。

2. 目的
1）使学生熟悉举升机的有关参数及使用要求。
2）学会正确安全地操作四柱式和双柱式举升机。

3. 准备工作
1）各种类型的举升机设备及其产品说明书。
2）四柱式及双柱式举升机各一台、轿车一辆。

4. 请回答下列问题，若有困难请向老师寻求帮助。

(1) 举升机的最大安全载荷是多少？生产厂家是哪里？(根据说明书回答)

(2) 举升车辆时的安全预防措施主要有哪些？至少列出四条。

(3) 车辆在举升机上定位时，为什么要放在正中？如何防止车辆滚动？

(4) 为什么要用举升臂从车辆举升支点举升车辆，而不是其他任意部位？

(5) 车辆的举升支点位置如何确定？

(6) 当举升机出现哪些故障时不能使用？

指导教师评语

_____
_____
_____

教师签字：_____　　　　　　　　日期：_____

任务3　使用千斤顶举升车辆

 学习目标

学完本任务后，应能做到：能正确识别、选择、安全地使用千斤顶举升车辆。

 学习信息

一、千斤顶的作用和种类

在汽车维修厂，有各种类型和大小的千斤顶。千斤顶设计时都有一个最大安全工作载荷，一般标注在千斤顶的外壳上，其值小的只有几百公斤，大的则有几十吨。

 注　意

使用千斤顶时不能超过其最大安全工作载荷。

1. 千斤顶的作用

千斤顶用于支撑、举升车辆或其他重物，如举升汽车、支撑汽车总成等。

2. 千斤顶的种类

如图3-18所示，千斤顶的种类较多，根据其动力来源的不同可分为手动千斤顶（包括机械式千斤顶、液压千斤顶）、气压千斤顶和电动千斤顶。

根据其形状的不同又可分为立式千斤顶、卧式千斤顶、剪式千斤顶和分离式千斤顶等。

二、千斤顶的使用注意事项

1）使用前应先检查千斤顶是否完好，千斤顶支撑台不得有油污，千斤顶不得漏油，如果漏油，那它降下物体的速度要么太快，要么就太慢。

2）检查千斤顶的承载能力，其承载能力不得超过其最大安全工作载荷。

3）使用千斤顶前应断开汽车点火开关，关闭汽车，如图3-19所示。

4）手动变速器选择一档或倒档，对自动变速器则选择"停车"档。

5）施加驻车制动。

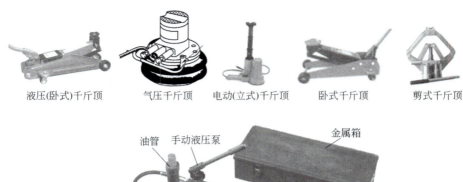

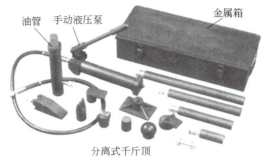

图 3-18　千斤顶

6）将与被举升车轮相对角的车轮前后都楔住，在倾斜路面上楔住所有仍位于地面的车轮。如果地面太软或不平，在千斤顶下面垫支撑座或木板。

7）千斤顶的举升点只能支撑在车辆上强度大或加强的部位，如图 3-20 所示。

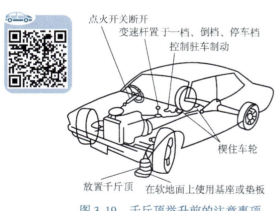

图 3-19　千斤顶举升前的注意事项

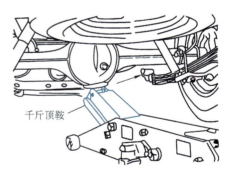

图 3-20　千斤顶的举升点

8）当车辆只有一个千斤顶支撑时，千万不要站在车辆下面，应在车下放置安全支撑并调到要求高度，如图 3-21 所示。

9）放置安全支撑时，不能让身体进入车辆下面，并确保安全支撑不损坏挡泥板、地板、燃油管、制动油管和电缆等，如图 3-22 所示。

10）如果没有安全支撑，可用硬木块适当堆积起来做支撑，如图 3-23 所示。不能使用砖头或建筑砌块支持车辆，它们会突然脆裂，使车辆掉下。

11）在没有先检查是否安全的情况下，决不要将其他人使用中的千斤顶拆下。

12）只能用推荐的液压油加注液压千斤顶。

13）当举升油箱高于活性炭罐时可能导致汽油流入活性炭罐，使炭罐丧失功能，这时应将油箱与活性炭罐隔绝。

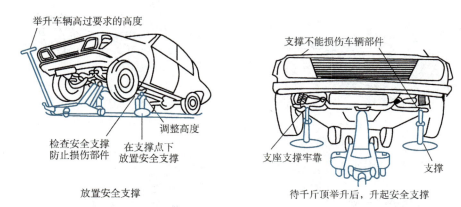

图 3-21　使用千斤顶举升车辆时应放置安全支撑

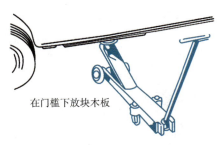

图 3-22　安全支撑的位置

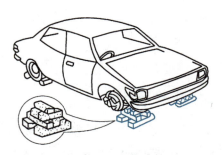

图 3-23　使用硬木块支撑车辆

三、随车千斤顶

小车一般随车配有千斤顶，这种千斤顶用途有限，一次只能举起一个车轮，依靠千斤顶和其他三个车轮的支撑作用保证车辆稳定。

随车千斤顶适用于特定型号的车辆，主要支撑在托架、车身、保险杠的支撑点上。它的用途仅限于更换车轮，在厂家说明书或维修手册里有操作说明，图 3-24 所示为各种随车千斤顶的使用。

注　意

随车千斤顶必须支撑在厂家规定的位置。

四、手动千斤顶

手动千斤顶结构紧凑，使用简单，一般其支撑台较小，支撑台呈网格形状并开有沟槽。

手动千斤顶有各种规格大小，大的能举升几十吨，小的只能举升 1～2t，它们一般是液压或机械式的，其结构如图 3-25 所示。

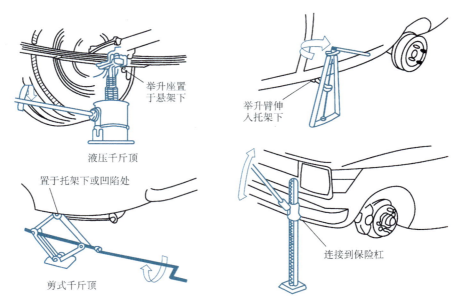

图 3-24 随车千斤顶的使用

五、卧式千斤顶

卧式千斤顶是汽车维修车间常用的设备，一般是机械式或液压式的，通常固定在脚轮上，以便于移动。

卧式千斤顶有各种规格大小，小型的用于举升小车，大型的用于举升重型货车或推土机，最常用的规格是 2~5t，其结构如图 3-26 所示。

它的优点是便于移动、放置和操作，如图 3-27 所示。

图 3-25 手动千斤顶

图 3-26 卧式千斤顶结构

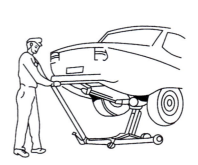

图 3-27 卧式千斤顶的举升操作

六、气压（空气）千斤顶

气压千斤顶有气缸式和空气弹簧式两种，图 3-28 所示为空气弹簧式千斤顶，该千斤顶是把一系列橡胶圈连接起来通过空气压力举升负荷。

气压千斤顶与车轮定位设备和斜面式举升机联合使用,也可用于普通车辆的举升。

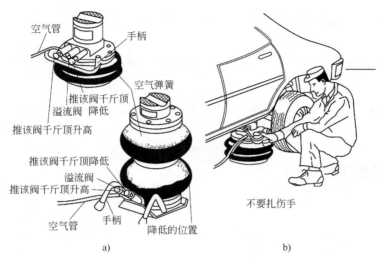

图 3-28 空气弹簧式千斤顶

 完成学习工作页

学习工作页　使用千斤顶举升车辆					
学生姓名		班级		学号	
日期		开始时间		结束时间	

1. 任务

熟悉各种类型的千斤顶及其参数,熟练使用千斤顶举升车辆。

2. 目的

学会熟练使用千斤顶举升车辆。

3. 准备工作

随车千斤顶、手动千斤顶、卧式千斤顶、气压千斤顶各一套,安全支撑。

4. 请回答下列问题,若有困难请向老师寻求帮助。

(1) 不要在只有千斤顶支撑的汽车下面工作,为什么?

(2) 手动千斤顶一般支撑台较小,上面开有沟槽并呈网格形状,为什么?

(3) 使用千斤顶时,被举升的车辆应位于水平坚硬的地面上。如果地面倾斜,应采取什么措施?

(4) 为什么不能使用砖头或建筑砌块支持车辆？

(5) 在千斤顶举起车辆但没有使用安全支撑的情况下，人能不能进入车辆下面，为什么？

指导教师评语

教师签字：_____　　　　　日期：_____

任务4　使用安全支撑支持车辆

学习目标

学完本任务后，应能做到：能正确识别、选择、安全地使用安全支撑支持车辆。

学习信息

一、安全支撑的作用和结构

安全支撑又叫安全支架、千斤顶支架等，主要用于支撑车辆，保持一定高度，使维修人员能够在汽车下面工作，拆下车轮和汽车零部件等，安全支撑的结构如图3-29所示。

安全支撑的高度可以调整也可以设置成固定高度。某些大型的安全支撑可用于货车和重型设备，大部分普通的安全支撑，重量较轻，只能够支撑 1～2t 的重量。

有的安全支撑与千斤顶设计在一起，采取机械锁紧或插销的方法来支撑车辆。

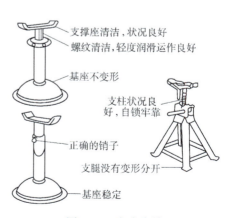

图3-29　安全支撑

二、安全支撑的检查

安全支撑在使用前应认真检查,主要检查项目包括以下几方面:
1)检查鞍座是否有裂纹和变形,鞍座是否清洁干净,不能有油脂。
2)检查安全支撑在地板上是否稳定,机座和支腿应没有变形。
3)安全支撑上的螺纹、齿条或销子应运转良好、锁定可靠、支撑重量不要超过最大安全工作载荷。

注 意

如果安全支撑是采用销子和一系列的孔来调节高度,这时应选择正确直径和长度的销子,不要使用旧的看起来较好的销子和螺栓来代替工作,以免造成事故。

三、安全支撑的正确使用

使用安全支撑时,其正确的操作方法是:
1)首先应把安全支撑调整到期望高度,两边安全支撑高度应相等,车辆在安全支撑上应处于水平状态。
2)举升车辆到略高于要求的高度。
3)把安全支撑放在加强梁下面,确保安全支撑不能损伤任何部件,如底板、车身零部件、管线和电缆等。

注 意

安全支撑鞍座应接触车辆的水平面,而不是锥面和斜边,否则易造成车辆滑移和倾覆,如图3-30所示。

4)轻轻地降下车辆,落实安全支撑,检查车辆是否正确支撑在安全支撑的鞍座上,如图3-31~图3-33所示。

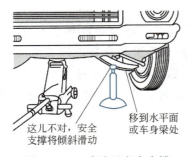

图3-30 正确放置安全支撑

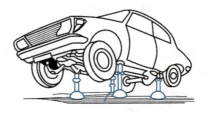

图3-31 车身由安全支撑支持

汽车维修常用工具及设备使用　第2版

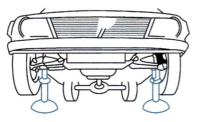

图 3-32　车辆前部由安全支撑支持

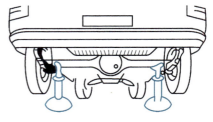

图 3-33　车辆后部由安全支撑支持

5）移走千斤顶前，确保车辆妥善地支撑在安全支撑上，以保证在车下工作是安全的，如图 3-34 所示。

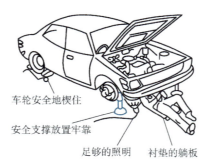

图 3-34　确保在车辆下工作的安全

 完成学习工作页

学习工作页　使用安全支撑支持车辆						
学生姓名		班级		学号		
日期		开始时间		结束时间		

1. 任务

1）熟悉和正确操作安全支撑。

2）综合训练。

请按照下面的流程举升汽车，拆卸并安装车轮。

拆卸并安装车轮流程为：用套筒扳手拧松轮胎螺母，在老师的指导及监护下，把千斤顶放在地面上，选择好支撑点，支撑汽车，在千斤顶和汽车之间放好安全支撑，卸下车轮。检查轮胎后，装上轮胎，用手旋紧轮胎螺母，取下安全支撑和千斤顶，使车轮着地，再用扭力扳手分两次将轮胎螺母旋紧到规定力矩值（轮胎扭力值可通过资料获取）。

2. 目的

熟悉各种安全支撑的参数及使用方法，学会正确操作举升设备。

3. 准备工作

两台安全支撑、千斤顶、轿车、扭力扳手等设备。

4. 请回答下列问题，若有困难请向老师寻求帮助：
(1) 安全支撑的种类、厂家、规格分别是什么？
_____
_____

(2) 安全支撑鞍座应接触车辆的水平面，而不是锥面和斜边，为什么？
_____
_____

(3) 把安全支撑放在车轴或加强梁下面，应确保安全支撑不能损伤哪些部件？
_____
_____

指导教师评语

_____
_____
_____

教师签字：_____   日期：_____

任务5 举升吊具及吊索的使用

 学习目标

学完本任务后，应能做到：能正确识别、选择、安全地使用举升吊具及吊索起吊发动机或变速器。

 学习信息

在汽车维修车间里，有时需要起吊汽车大型零部件，如汽车发动机、变速器、前后桥等，这时就要用到举升吊具及吊索等设备。

常见的举升吊具有发动机吊机、手动葫芦、平衡架等，它们的结构如图3-35所示。

一、举升吊具的使用

1. 发动机吊机

发动机吊机又叫发动机吊架，需要定期进行维修和检查，以确保其安全操作。
发动机吊机使用注意事项如下：
1) 当有人或装备在吊机下面时，千万不要操作吊机。

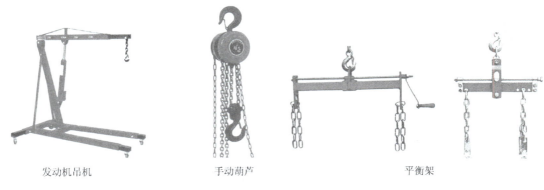

| 发动机吊机 | 手动葫芦 | 平衡架 |

图 3-35　各种举升吊具

2）使用吊机来起吊发动机时，需检查吊机的承载能力，不能超载，确保吊钩与起吊部件连接牢固。

3）不要把吊机起重臂伸得太长，若超出规定范围值，吊机在起吊重物时会失去平衡，如图 3-36 所示。

4）确定起重点或连接点是可靠的，这样物体才不会突然滑落，如图 3-37 所示。

5）不要让重物一直处于悬空状态，并且应尽量使重物刚好离开地面或车辆，悬空物体越高，起重机就越不平稳，容易翻覆。

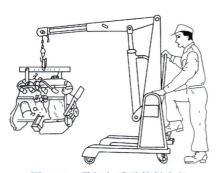
图 3-36　吊机起重臂伸得太长

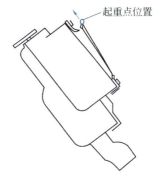
图 3-37　确定起重点连接可靠

6）当移动起吊物时，应尽量避免起吊物摇晃，起吊物离地应很近，因而起吊物重心低，起吊过程可保持平稳。

2. 举升吊具的检查

使用举升吊具前，请认真检查吊具，如图 3-38 所示。

1）举升吊具链环不能磨损、张开和开裂，铰链处不能过度磨损，应该运动自由。

2）紧固件不能拉伸变形，螺纹状况良好。

3）使用标准的扣环，不能使用螺栓和销代替。

3. 举升吊具的连接

按照图 3-39 所示连接举升吊具。

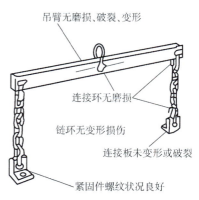
图 3-38　检查举升吊具

1) 吊具螺母必须全部拧上，不能有螺母、螺纹暴露在外面。

2) 当吊具与被举升部件连接时，螺栓、螺钉等必须旋进至少 1.5 倍直径的深度，并使吊具与被举升部件紧密连接。

二、举升吊索的使用

当拆下发动机或变速器时，如果没有专用的吊具，就有必要利用链条、钢丝绳或吊索作为吊具。

1. 吊索的检查

如图 3-40 所示，在使用吊索前，要做细致检查。

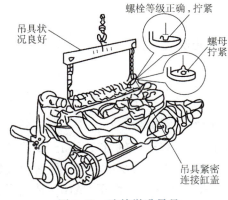

图 3-39　连接举升吊具

图 3-40　钢丝吊索

1) 钢丝绳和吊索上是否有磨损、绞缠和缺陷。

2) 是否有张开和断裂的链环，确保吊索能承受负荷，其安全工作负荷大于起吊部件重量。

3) 如有必要，查看厂家说明书。

2. 吊索的使用

1) 使用吊索时，应将吊索安全地连接到起吊部件。

2) 用物体包住起吊部件的所有尖锐边缘，以防损坏吊索，如图 3-41 所示。

3) 吊索应远离燃油管、机油管，电缆、分电器、燃油泵和机油滤清器等零部件。

4) 确保吊索不会从吊钩上滑脱。

5) 将吊钩挂住吊索起吊部件，保持角度和平衡。

6) 保持吊索夹角小于 60°，如图 3-42 所示。因为在这个角度，每根吊索上承受的力量稍大于起吊重量的四分之一。这个力量会随着夹角的增加而增加，当夹角为 120°时，每根吊索上的力量超过起吊部件重量，这就很危险，吊索可能被拉断。

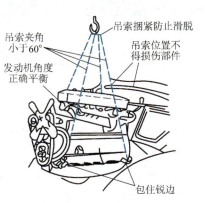

图 3-41　吊索的正确使用

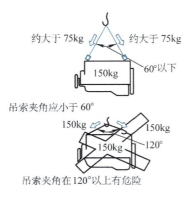

图 3-42 吊索夹角应小于 60°

7）逐渐把部件重量加到吊索上，检查吊索是否正确定位。

知识拓展

中国汽车工业铿锵起步——第一汽车制造厂

长春第一汽车制造厂是新中国汽车工业的摇篮，厂区于 1953 年 7 月 15 日奠基兴建。毛泽东主席为奠基题词："第一汽车制造厂奠基典礼"。1956 年 7 月，厂区建设完成。1956 年 7 月，第一汽车制造厂成功试制了第一批解放牌载货汽车 CA10，造出了我国有史以来的第一批国产汽车。从此，"一汽"结束了中国不能制造国产汽车的历史。

从 1956 年开始，解放牌货车源源不断地从长春开往祖国各地，成为新中国建设不可或缺的生力军，而"解放"这个由毛泽东主席亲自命名的品牌也从此开启了中国汽车制造的历史航程。

完成学习工作页

学习工作页　举升吊具及吊索的使用					
学生姓名		班级		学号	
日期		开始时间		结束时间	

1. 任务

1）正确安全地使用举升吊具起吊发动机或变速器。

2）正确安全地使用举升吊索起吊发动机或变速器。

2. 目的

1）学会使用举升吊具起吊发动机或变速器。

2）学会使用举升吊索。

3. 准备工作

发动机吊机、手动葫芦、平衡架、举升吊索设备如链条、发动机或变速器各一台。

4. 请回答下列问题，若有困难请向老师寻求帮助。
(1) 使用吊索起吊发动机时，吊索不能勒住哪些部件和附件？
_____

(2) 使用吊索起吊发动机时，要保持吊索夹角小于60°，为什么？
_____
_____

(3) 如果在发动机吊机起重臂伸得太长的情况下升降发动机，将会发生什么样的事故？
_____

(4) 在汽车维修车间里，举升吊具用以起吊哪些部件？
_____

(5) 当移动处于悬空状态的部件时，尽量使部件刚好离开地面，为什么？
_____
_____

指导教师评语

_____
_____
_____

教师签字：_____　　　　　日期：_____

鉴定工具1　口头或书面问题清单

考生姓名		考生学号	
课程名称	汽车维修常用工具及设备使用		
工作场所			
鉴定日期			

鉴定步骤：回答下列所有问题。

正确回答以下问题（请选择：口头□　书面□）	对	错	备注
1. 进行举升操作时有哪些安全要求？至少列举五条	□	□	
2. 考生回答任务1后的问题是否正确	□	□	
3. 考生回答任务2后的问题是否正确	□	□	
4. 考生回答任务3后的问题是否正确	□	□	
5. 考生回答任务4后的问题是否正确	□	□	
6. 考生回答任务5后的问题是否正确	□	□	

考生知识表现：

合格□　　　不合格□

给考生的反馈：

如果不合格，需要重新鉴定的说明：

签字说明考生同意上述记录属实，反映所完成的任务
考生签字：　　　　　　　　　　　　　　　　　　　　　　　日期：

签字说明考生以表现对任务实践的能力和理论的理解
鉴定师签字：　　　　　　　　　　　　　　　　　　　　　　日期：

项目3　车间装备和举升设备的使用

鉴定工具2　练习和观察清单

考生姓名		考生学号		
课程名称	汽车维修常用工具及设备使用			
工作场所				
鉴定日期				
任务简述	任务1　车间装备的使用 任务2　使用举升机举升车辆 任务3　使用千斤顶举升车辆 任务4　使用安全支撑支持车辆 任务5　举升吊具及吊索的使用			
鉴定步骤：需要展示所有技能，并能被鉴定教师观察到。				

考生具备了下列技能吗	是	否	备注
1. 实作时是否遵守了安全操作规程及要求	□	□	
2. 举升车辆时是否选用了正确的举升设备	□	□	
3. 举升车辆时是否采用了正确的步骤和程序，操作是否规范	□	□	
4. 使用举升吊具和吊索时是否采用了正确的步骤和程序，操作是否规范	□	□	
5. 能否正确完成任务1~5后面的工作页安排	□	□	

考生能力表现：

　　　　　　　　　　合格□　　　　不合格□

给考生的反馈：

如果不合格，需要重新鉴定的说明：

签字说明考生同意上述记录属实，反映所完成的任务
考生签字：　　　　　　　　　　　　　　　　　　　　　　　　　日期：

签字说明考生以表现对任务实践的能力和理论的理解
鉴定师签字：　　　　　　　　　　　　　　　　　　　　　　　　日期：

135

附 录
课程学习评估单

学生用评估问卷1 对学习用书的评估

评估学科：_____ 评估时间：_____年___月___日
班　　级：_____ 评估者：_____

本调查问卷主要用于学生对课程学习用书的调查，可以自愿选择署名或匿名方式填写问卷，请根据自己的情况在相应的栏目打"✓"。

评估项目 \ 评估等级	非常赞成	赞成	没有意见	不赞成	非常不赞成
1. 学习用书内容清楚，解释准确					
2. 学习目标阐述清楚					
3. 陈述的学习方法适合学习任务					
4. 工作任务与设备、场地相配套					
5. 学习用书中有关于学习对象的明确说明					
6. 学习用书明确定义了学习技能和知识的要求					
7. 学习内容能让学生达到学习目的					
8. 学习用书中有清楚的使用指南					
9. 学习用书排序具有逻辑性					
10. 视听材料能够帮助学习					
11. 学习用书文字简练、明白易懂					
12. 学习用书留有笔记的空白处					
13. 学习用书中有工作任务安排					
14. 工作任务有助于技能的掌握					
15. 学习用书含有职场安全方面的内容					

学生用评估问卷2 对教学方法的评估

评估学科：_____ 评估时间：_____年___月___日
班　　级：_____ 评估者：_____

本调查问卷主要用于学生对新课程教学方法的调查，可以自愿选择署名或匿名方式填写问卷。请根据自己的情况在相应栏目打"√"。

评估项目 \ 评估等级	非常赞成	赞成	没有意见	不赞成	非常不赞成
1. 教学中有足够的互动性活动					
2. 活动目的清楚明了					
3. 学习活动能够帮助学生学习该课程					
4. 能清晰知道学习活动任务					
5. 活动能提高学生的能力					
6. 活动安排能够提高学习兴趣					
7. 学习活动有助于技能的掌握					
8. 学生乐于参加学习活动					
9. 活动含有职场安全方面的内容					
10. 活动鉴定公正适当					
11. 教师语言通俗易懂					
12. 教师的专业技能具有示范作用					
13. 教师在教学中注重学习反馈					

学生用评估问卷3 对学习方法的评估

评估学科：_____ 评估时间：_____年___月___日
班　　级：_____ 评估者：_____

本调查问卷主要用于学生对新课程学习方法的调查，可以自愿选择署名或匿名方式填写问卷，根据自己的情况在相应的栏目打"√"。

评估项目 \ 评估等级	非常赞成	赞成	没有意见	不赞成	非常不赞成
1. 学习方法适合学生的学习风格					
2. 学习方法简便易行					
3. 学习方法能有效地帮助学生获得知识和技能					
4. 学习方法改善了学生和老师的关系					
5. 学习方法让学生参与了每一个学习任务					
6. 学习方法让同学间的关系更加融洽					
7. 学习方法增强了学生的自学能力					
8. 学习方法使学生增强了学习的信心					
9. 学习方法让学生感到了学习的乐趣					
10. 学习方法让学生增长了更广的知识和技能					
11. 学习方法让学生对今后的工作更有信心					

学生用评估问卷4 对工作任务页的评估

评估学科：＿＿＿＿＿＿＿＿＿＿评估时间：＿＿＿＿＿年＿＿＿月＿＿＿日
班　　级：＿＿＿＿＿＿＿＿＿＿评估者：＿＿＿＿＿＿＿＿＿＿＿＿＿＿

本调查问卷主要用于学生对工作任务页的调查，可以自愿选择署名或匿名方式填写问卷。根据自己的情况在相应的栏目打"✓"。

评估项目 \ 评估等级	非常赞成	赞成	没有意见	不赞成	非常不赞成
1. 工作任务中的信息清楚，阐述明白					
2. 工作任务页让学生更好地了解了鉴定					
3. 鉴定的知识和技能符合能力标准要求					
4. 鉴定的知识和技能符合学生的学习需求					
5. 工作任务页中有明确的鉴定时间					
6. 工作任务页中有具体的鉴定内容					
7. 工作任务页中有确切的鉴定标准					
8. 工作任务页中有清晰的鉴定程序					
9. 工作任务页中有明确的鉴定工具和要求					
10. 鉴定方式适合职场要求					
11. 鉴定方式、标准和内容公平、公正					
12. 鉴定方式灵活多样					
13. 学生适应这种鉴定方式					
14. 学生乐意接受这种鉴定					

参 考 文 献

[1] 机械工业职业技能鉴定指导中心.钳工常识[M].北京:机械工业出版社,2003.
[2] 梁国明,张保勤.百种量具的使用和保养[M].北京:国防工业出版社,1993.
[3] 汪仁声,赵源康.简明钳工手册[M].上海:上海科学技术出版社,1998.
[4] 机械工业职业技能鉴定指导中心.初级机修钳工技术[M].北京:机械工业出版社,2003.
[5] 王怀建.常用职场工具与设备使用[M].重庆:重庆大学出版社,2006.
[6] 机械工业职业技能鉴定指导中心.初级钳工技术[M].北京:机械工业出版社,2005.